幸福に生きるために

―牧口常三郎の目指したもの―

古川 敦

白金尋常小学校の生徒たちと（大正11年）

（表）「価値論」を執筆していた頃の牧口常三郎

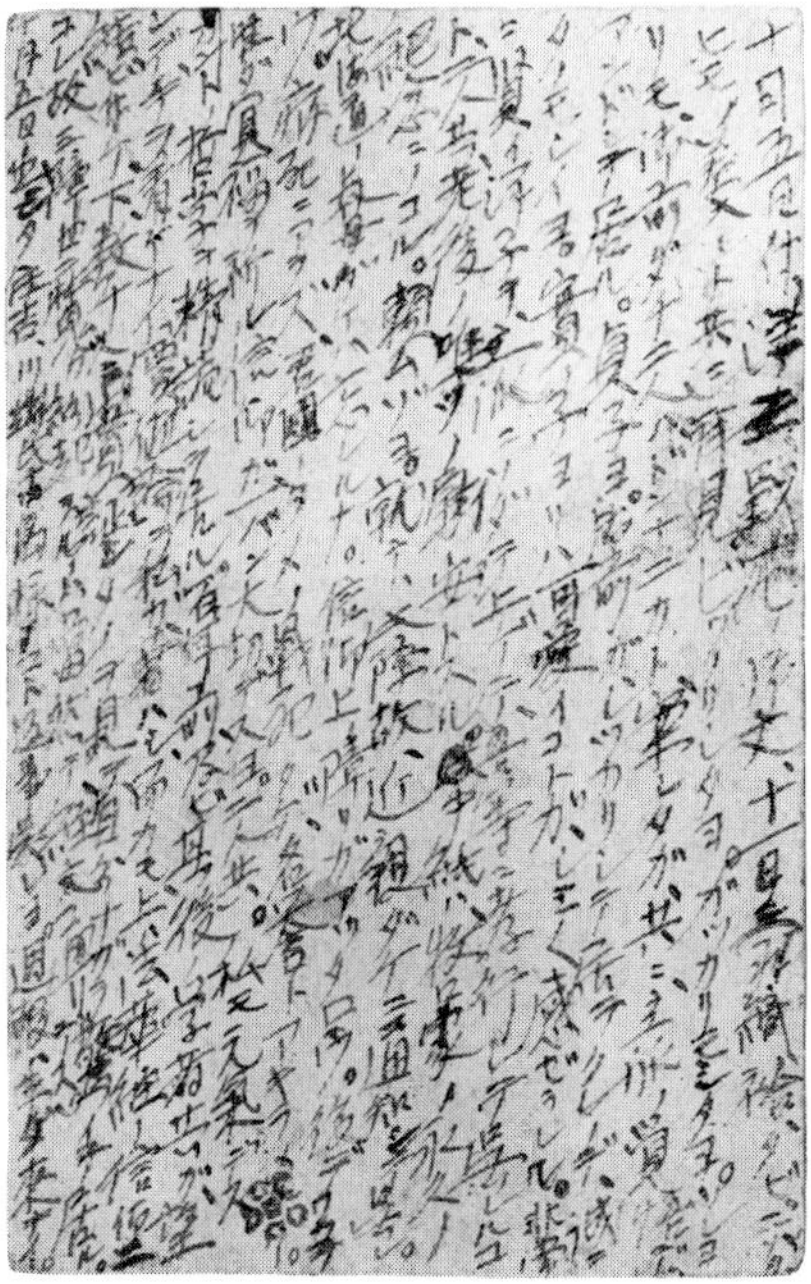

絶筆となった牧口常三郎の最後の獄中書簡には次のように記されている。

「百年前、及ビ其後ノ学者共ガ、望ンデ、手ヲ着ケナイ『価値論』ヲ私ガ著ハシ、而カモ上ハ法華経ノ信仰ニ結ビ付ケ、下、数千人ニ実証シタノヲ見テ、自分ナガラ驚イテ居ル。」

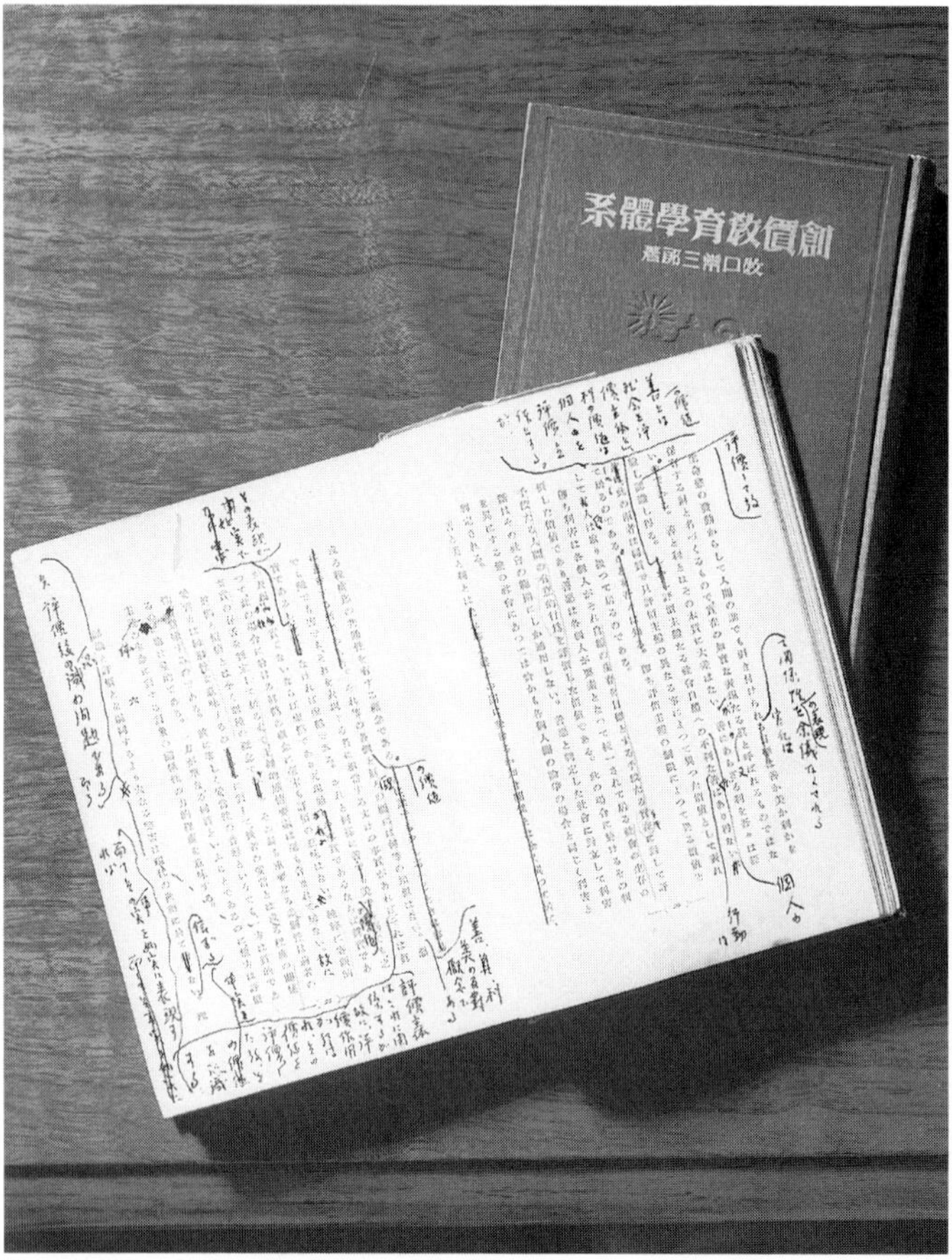

『価値論』の再版（昭和28年）に際し、
弟子の戸田城聖（創価学会第２代会長）が補訂の筆を入れた。

まえがき

牧口常三郎（創価学会初代会長）先生は、どのような人であったのか。そして、また、牧口先生は、何を目指《めざ》されていたのか。

本書は、このことを簡潔《かんけつ》にまとめた、牧口「価値論」の入門編である。その全体像と現代的な意義について、できるだけわかりやすく整理・要約したものである。

牧口先生の「価値論」には、日蓮大聖人の仏法を根本とする、人類最高の知恵が発揮《はっき》されている。しかも、民衆救済のために闘《たたか》い抜いた、慈愛《じあい》の革命家の生きざまが、見事に反映されている。

牧口先生は、日本の社会が大きくゆれうごく時代を生きていた。一八七一年（明治四年）に生まれ、教育者となり、一九四四年（昭和十九年）に亡《な》くなるまで、どのように人生を開かれていったのか。
本書は、このことを、ふりかえるようになっている。そして、重要だと思われる文章を抜粋《ばっすい》し、創価学会の池田大作名誉会長の著作・スピーチなどをふまえながら、説明させていただいた。なぜなら、人間主義をつらぬいて「自他ともの幸福」を目指す、真正の革命家のまなざしを介さなければ、「価値論」の真髄《しんずい》には迫れないからである。

牧口先生の文章は、『牧口常三郎全集』（全十巻、第三文明社刊）によっている。ただし、読者の便宜《べんぎ》をはかるため、旧かなづかいを現代かなづかいに改め、文意をそこなわないかぎり、難解《なんかい》な用語をやさしいものに置き換えたり、意訳《いやく》しているところもある。

最後に、本書の編集作業に尽力《じんりょく》された第三文明社の方々に、心から感謝申し上げる。そして、これまで激励してくださった皆様に、今後の研鑽《けんさん》へのいっそうの精進《しょうじん》をお誓《ちか》い申し上げたいと思っている。

二〇〇一年九月八日

古川《ふるかわ》　敦《あつし》

幸福《こうふく》に生《い》きるために——牧口常三郎の目指《めざ》したもの　目次

まえがき　1

第一章　教育革命から宗教革命へ

第一節　「教育のための社会」を目指《めざ》して　10

子どもたちが幸福をつかむことができるように　10

生活と学問の一体化　17

人間主義の旗《はた》　21

第二節　人生の究極《きゅうきょく》目標としての価値《かち》　25

価値を創造《そうぞう》するための教育　25

美・利・善　28

自他ともの幸福　33

第三節　「民衆賢人《けんじん》運動」に先駆《さきが》ける　38

日蓮大聖人の仏法との出あい　38

日本の精神風土の大改造　43

人道的《じんどうてき》競争《きょうそう》の時代を開く　47
世界市民の育成　51
補説1　牧口「価値論《かちろん》」の全体像《ぜんたいぞう》　58
人生地理学と価値論　59
思想家は革命家《かくめいか》へと飛翔《ひしょう》した　61
正視眼《せいしがん》の生き方　64

第二章　「精神の闘争《とうそう》」へ挑戦《ちょうせん》

第一節　「大善生活」への道　70
社会の平和と繁栄《はんえい》を願って　70
国家より人間を優先《ゆうせん》せよ　76
小善・中善・大善　80
美・利・善の調和《ちょうわ》　84
第二節　民衆救済《みんしゅうきゅうさい》の根本原理《こんぽんげんり》　89

絶対的《ぜったいてき》な善と相対的《そうたいてき》な善　89
日蓮大聖人の仏法にもとづいた価値判定《かちはんてい》の標準《ひょうじゅん》　93
○悪人の正体は　97
○勇気をもって悪を責《せ》めよ　99
○大悪に反対すれば大善になる　101
○極悪《ごくあく》と闘うことが正義である　103
○生活を無視《むし》する為政者《いせいしゃ》には社会的な存在価値がない　105
○半狂人格者《はんきょうじんかくしゃ》たちには心せよ　107
難《なん》を呼び起こす闘いを　110
第三節　「一生成仏《いっしょうじょうぶつ》」の方程式《ほうていしき》　118
師弟不二《していふに》が宗教の魂《たましい》　118
理《り》の一念三千《いちねんさんぜん》と事《じ》の一念三千　122
「信行学《しんぎょうがく》」が一切《いっさい》の根本　128
魔《ま》との闘いに勝利せよ　137

補説2　「真理の認識」と「価値の創造」　144
内潜創造《ないせんそうぞう》と外顕創造《がいけんそうぞう》　145
絶対的な真理と相対的な真理　148
不変真如《ふへんしんにょ》の理《り》と随縁真如《ずいえんしんにょ》の智《ち》　151

第三章　「創価革命《かくめい》」に生きる

第一節　正義の人材《じんざい》を育成《いくせい》する　154
出藍的《しゅつらんてき》教育法　154
人格価値　158
人材の三要素　162
第二節　「善の連帯《れんたい》」を拡大する　170
新時代の主役は民衆である　170
正義のための戦いを起こせ　175
善なる力を結集《けっしゅう》せよ　180

補説3　「創価の世紀《せいき》」を開く　186
「価値論」のコペルニクス的転換《てんかん》　187
「仏教の極意《ごくい》」と「創価教育学」との関係性　191
「創価人間学」を樹立《じゅりつ》する　194

第一章　教育革命から宗教革命へ

第一節　「教育のための社会」を目指《めざ》して

子どもたちが幸福をつかむことができるように

いったい、国民教育の目的は何であろうか。……（教師の）諸君が膝《ひざ》もとにあずかっている可憐《かれん》な児童《じどう》たちを、どうすれば将来もっとも幸福な生涯《しょうがい》を送らせることができるかという問題から入っていくほうが、時にかなった適切なことと感じるものである。

（『地理教授の方法及内容の研究』）

教育の目的は何か。それは、子どもたちの幸福にほかならない。学校は何のためにあるのか。それは、一人ひとりの子どもたちが、自分らしさを発揮《はっき》して、ともどもに仲良く楽しく生きるためにある。

牧口常三郎は、このことを、一貫《いっかん》して主張する。それは、青年時代からの希望であり、長年にわたる教育実践と研究をとおして得られた確信であった。

今日では、教育の目的が子どもたちの幸福にあるというのは、当然のことのように思われる。けれども、教育勅語《きょういくちょくご》のもとでおこなわれていた戦前の学校教育は、それとはまったく逆であった。天皇の臣民《しんみん》を養成するという、国家のための教育だった。

牧口は、そうした状況のなかで、あくまでも、本来の教育の姿を求めようとする。人生の目的は幸福にある。それゆえ、教育の目的は、子どもたちの幸福でなければならぬ。教育は、子どもたちが幸福をつかむためにある、と叫びつづけていたのである。

創価学会の池田大作名誉会長は、「二十一世紀の教育を考えるにあたり『社会のための教育』から『教育のための社会』へのパラダイムの転換《てんかん》が急務ではないかと、訴《うった》えたいのであります」（『教育のための社会』目指《めざ》して」）と述べている。国家のため、社会の繁栄《はんえい》のために、人間を手段《しゅだん》とするのではなく、一人ひとりの人間の幸福を、社会の目的としなければならない。

したがって、牧口が挑戦《ちょうせん》していた教育改造は、「教育のための社会」を目指《めざ》す運動であった、と言えるだろう。それは、まさに、民主の教育革命だったわけである。

一八九三年、北海道尋常師範学校《じんじょうしはん》（今日の北海道教育大学の前身）を卒業した牧口常三郎は、同校附属《ふぞく》小学校の訓導《くんどう》（教師）として迎えられ、教育者としての第一歩をふみだした。その後、文部省検定《けんてい》試験（地理科）に合格した牧口は、旧制中等学校地理科の教員免許《めんきょ》状《じょう》を取得《しゅとく》し、一八九七年の秋に、母校である師範学校の助教諭《じょきょうゆ》にも任命されている。（一九〇〇年の春には、文部省検定試験〈教育科〉にも合格し、師範学校の教諭に任命されることになる）

また、一八九七年（明治三十年）一月から、牧口常三郎は、『北海道教育週報』に、「単級教授の研究」という論文を連載《れんさい》するようになる。牧口は、一八九五年（明治二十八年）、文部省が主催《しゅさい》した単級教授法講習会に北海道の代表として参加し、その講義の内容を筆記《ひっき》しているが、さらに研究を進めて、独自の論文に仕上げていたのである。

単級教授は、一つの小学校に一つの学級しかない小規模《きぼ》校でおこなわれていた複式《ふくしき》教授法で、当時は、全国各地で、数多く実施《じっし》されていた。とくに、北海道地方には多かった。そして、牧口自身も、附属小学校で単級教室を担当《たんとう》することになる。

複式教授は、三学年、四学年など、複数の学年を一学級として、一人の教師が同時に授業することをいう。ある学年を教えているときには、他の学年の子どもたちは自習になる。そのため、こうした授業は、教師にとって、非常にむずかしいものであった。

牧口は、「単級教授の研究」のなかの「教師」の項で、次のように述べている。


社会は残酷《ざんこく》なものである。……そのなかで、屋根《やね》となって児童《じどう》たちをかばうことができる唯一《ゆいいつ》の存在は、教師だけであるだろう。……子どもたちが喜々《きき》として登校してくるのは、教師の慈愛《じあい》に満ちた顔があるからである。

（「単級教授の研究」）

開拓途上《かいたくとじょう》の北海道のことである。人びとの大半は、きびしい生活をおくっていた。貧《まず》しい家の子どもたちは、破れた衣服《いふく》のままでいる。しかも、周囲の人びとの目は冷《つめ》たい。だから、かばってやれるのは教師だけだ、と熱い言葉を発している。

池田名誉会長は、そうしたことばを引用《いんよう》しながら、「（教師こそ最大の教育環境である）教師に笑顔《えがお》がなく、慈愛《じあい》もなければ、子どもたちがかわいそうではないか」（「輝きの明日へ」71）、笑顔と慈愛をもって子どもに接することこそ教師のあるべき姿である、と言われている。

牧口常三郎は、一九〇一年の春に、師範《しはん》学校を退職し、上京。その二年後の一九〇三年（明治三十六年）には、最初の著書『人生地理学』を出版する。それは、地理研究の書であると同時に、教育学の観点から、地理科の教授法の改善を目指したものでもあった。

また、一九一二年には、二番目の著書『教授の統合中心としての郷土科研究』を出版。この書のなかで、牧口は、知識の詰《つ》め込み主義（あらかじめ定められた知識を無理《むり》やり児童に記憶《きおく》させる学習指導のしかた）を徹底的《てっていてき》に批判《ひはん》する。そして、子どもたちが実際に生活している郷土を、学習指導の起点《きてん》とし終点とすべきである、と主張した。これは、生活と学《がく》習《しゅう》を一体化させるという意味で、児童《じどう》本位をつらぬいた、当時としては異例《いれい》の、抜本的《ばっぽんてき》なカリキュラム改革案《かいかくあん》であった。

さらに、その四年後には、三番目の著作『地理教授の方法及（び）内容の研究』（一九一六年）が出版されている。牧口は、前の二つの著書と同様に、この書のなかでも、一貫《いっかん》して、子どもたちの幸福のための教授法を具体的《ぐたいてき》に提示《ていじ》するのである。

そして、いよいよ、一九三〇年（昭和五年）十一月十八日には、『創価教育学体系』（全四巻）の第一巻が世に出ることになる。牧口は、ただひたすら、子どもたちのため、未来《みらい》のために、この一書を残すのだとの思いで、出版にふみきったのであった。

その冒頭《ぼうとう》の「緒言《しょげん》」で、牧口は、みずからの教育にかける情熱を、次のように吐露《とろ》している。

> 入学難《なん》、試験地獄《しけんじごく》、就職難《しゅうしょくなん》などで、一千万の児童《じどう》や生徒《せいと》がとても苦しんでいるという現代の悩みを、次の時代にまで持ち越すようなことがあってはならぬと思うと、心は狂《くる》わんばかりで、誉《ほ》められようと

誹《そし》られようと、そんなささいなことなど、私の眼中《がんちゅう》にはない。

(『創価教育学体系・第一巻』)

『創価教育学体系』という書物は、どの巻の、どの部分を開いても、子どもたちを思う温《あたた》かな慈愛《じあい》のまなざしを、強く深く感じることができるだろう。牧口常三郎が、どんなに子どもたちを尊重《そんちょう》し、どれほど子どもたちの幸福のために心をくだいていたかが、ひしひしと伝わってくる。

牧口は、子どもたち自身のための教育を、何としても実現したいと願い、研究に研究を重《かさ》ね、みずから進んで実験証明するようになる。教育は子どもたちのためにある、との一点にこそ、牧口常三郎の魂《たましい》があった。その生涯《しょうがい》は、「子どもたちを幸福にさせずにはおかない」という、崇高《すうこう》な光につらぬかれていたのである。

生活と学問の一体化

幼年《ようねん》時代から青年期にいたるまで、十数年にわたる学校生活においての学習指導が、ことごとく知識の詰《つ》め込み・ノートの作成で、これをもって学校教育の本質であると思う状態であれば、研究・思考《しこう》・創《そう》作《さく》などの萌芽《ほうが》がまったく蹂躙《じゅうりん》されてしまうのも無理はない。このようにして、日本人の頭脳の大部分は、その間違った教育法の病弊《びょうへい》のために頑固《がんこ》となり、学問と生活とがまったく隔離《かくり》してしまい、われわれの生活は、二元的なものに分裂《ぶんれつ》したのである。

（「教育態度論」）

牧口常三郎は、生活と知識がバラバラになっているために、学校で身につけたはずの知識が、実生活では役に立つことがない、と嘆《なげ》いている。当時、日本の学問の多くが、外国

（西洋）から輸入《ゆにゅう》し、真似《まね》ているだけで、民衆に根ざしたものではなかった。とにかく、役に立ちそうな知識を、子どもたちの頭に詰《つ》め込むことが、学校教育とされていた。

牧口は、こうした日本のゆがんだ精神風土を変えていこうと、生活と学問の一体化を唱《とな》えている。学問は、生活のなかから出て、生活に返るべきである。

学問のない生活は暗中模索《あんちゅうもさく》に等しい。たとえば、政治や経済の動きを知らなければ、将来の生活の設計《せっけい》を立てようがない。また、それとは逆に、生活から遊離《ゆうり》した学問は空虚《くうきょ》になる。

生活に根ざした知識。経験に即《そく》した学問。それが、開かれた人間、自立した人間にとって、必要不可欠《ふかけつ》な要素なのである。

教育は、環境《かんきょう》のなかにどのような価値《かち》があるかを見いださせることだ。そのうえで、周囲の事物をつかさどる物理的・心理的原理《げんり》を探《たん》究《きゅう》させることだ。そして、自分の生活を環境に適応《てきおう》させることによって、新たな価値を発見させることだ。すなわち、観察《かんさつ》と理解と応用との方法を身につけることを指導することだ。

知識の宝庫《ほうこ》を開く鍵《かぎ》さえあれば、万巻《まんかん》の書籍《しょせき》を暗誦《あんしょう》しなくても、生活上に必要な知識は自然と得られるものだ。今日のように、書籍や印刷物《いんさつぶつ》が数多くある時代にあっては、必要な知識は、理解力さえあれば、容易《ようい》に探《さが》し出すことができる。


（『創価教育学体系・第四巻』）


牧口常三郎の目指《めざ》した教育とは、具体的《ぐたいてき》にはどのようなものなのか。それは、子どもたちが、周囲《しゅうい》の事物を観察することに尽《つ》くされているようである。

たとえば、植物《しょくぶつ》には、空気を浄化《じょうか》するはたらきがある。二酸化炭素《にさんかたんそ》（炭酸ガス）を吸収《きゅうしゅう》して、酸素《さんそ》を作り出してくれている。それゆえ、緑《みどり》は大切にしなくてはならない。

こうして、子どもたちが、新しい価値を見つけだし、楽しみながら理解して、生活のなかで応用《おうよう》できるようになっていく。具体的には、植物を育てることに興味《きょうみ》を抱《いだ》いたり、身近《みぢか》な樹木《じゅもく》にも気を配《くば》るようになる、などがあげられよう。

そうした一連の、子どもたちの学習＝生活過程《かてい》をサポートしていくのが、まさしく、牧口の目指した教育なのである。

『創価教育学体系』には、教育とは知識を与えることではなく、いかに学ぶかということを教えることである、と述べられている。牧口は、学び方を指導せよ、と主張する。知識を授《さず》けることが教育ではない。知識は書物のなかにいくらでもある。知識の宝庫《ほうこ》を開く鍵《かぎ》さえあれば、生活のために必要な知識は、すぐにでも簡単に探《さが》し出せる。だから、その鍵を身につけさせることが、まさに、教育なのである。

牧口常三郎は、人間の幸福という観点から、子どもたちの直観力をみがき、豊《ゆた》かな感性《かんせい》を養《やしな》うような教育のあり方を、強く志向《しこう》していたのである。何が起ころうと、へこたれず、自分の力で考え、調べて、価値創造の道を切り開き、自身の知恵と力を、かぎりなく高めていく。そういう力強い人間を、心の底から求めていた。それゆえ、牧口は、役に立たない知識や為《ため》にする道徳を一方的に押しつける、国家主義的な教育のあり方を、痛烈《つうれつ》なまでに批判《ひはん》したのである。

どんな劣等生《れっとうせい》も優等《ゆうとう》生にしてみせる――それが、牧口の思いであった。そして、このために、教育の主眼は、考え方の基本を教えること、自分で考える力を引き出すことに向けられている。本に書かれていることを覚《おぼ》えさせるだけの、知識を詰《つ》め込む注入《ちゅうにゅう》主義の教育を徹底的に批判して、現実生活のなかで考える力を養うことの重要性を強調する。豊富《ほうふ》な知識よりは、考え方・学び方を指導することのほうが、大切なのである。

知識を開く鍵は、一人ひとりの人間の内面にある。子どもたちの興味《きょうみ》を喚起《かんき》することができれば、それでよい。牧口常三郎は、教師のほんとうの役割《やくわり》とは、教師自身のはたらきよりも、むしろ、子どもたちがいかに価値あるはたらきをするようにさせるかにある、と述べている。

教育とは、知識を授けることでは決してない。それは、子どもたち自身が、新しい価値を発見していくことなのである。

人間主義の旗《はた》

「遺産《いさん》は相続《そうぞく》することができるが、幸福は相続することはできない」

という、アルフレッド・ノーベル氏の格言《かくげん》は、幸福と財産との不一致を喝破《かっぱ》して余りない。

（『創価教育学体系・第一巻』）

牧口常三郎は、『創価教育学体系』（全四巻）のなかで、もっとも感銘《かんめい》したことばとして、アルフレッド・ノーベル（一八三三〜九六年、スウェーデンの化学者・工業家、「ノーベル賞」の資金提供者《ていきょうしゃ》）の格言を、しばしば引き合いに出している。

真の幸福の意義をはっきりさせるためには、財産と幸福の関係を明らかにすることが、きわめて重要である。なぜなら、世間一般にこれほど混同され、しかも、有害なものはないからである。

牧口は、ノーベルのことばを引用しつつ、幸福と財産とは一致するものではないと言っても、決して言い過ぎではない、と述べている。そのうえ、さらに、私の一生のなかで、これほど力強い適切《てきせつ》な教訓を、ことばのうえで受けたことがない、とまで断言《だんげん》する。日蓮大聖人の仏法（妙法）に出会うまでの人生のなかで、もっとも共感《きょうかん》し、納得《なっとく》できたことばであったようである。

実際に、牧口は、世の中において、財産を相続したために堕落《だらく》したり、悪人や愚《おろ》かな人間となって不幸を招《まね》く場合も多いことを、指摘する。金持ちイコール幸福ではない、ということ。それは、財産を地位や知識などに置《お》き換《か》えても同じである。地位は相続できても、幸福は相続できない。知識は継承《けいしょう》できても、幸福は継承できない。地位イコール幸福でも、知識イコール幸福でもない。

ノーベルの格言《かくげん》は、富《と》める者も貧《まず》しき者も、ともどもに仲良く明るく生きていく、そのことの大切さを示唆《しさ》している。

牧口は、どうしたら人間は幸福になれるかを追求《ついきゅう》した。そして、その結論は、みずからが幸福を勝ち取る以外にない、ということであった。人びとがこのことを十分に理解するようになれば、おたがいに憎《にく》しみ合う不条理《ふじょうり》な貧富《ひんぷ》の格差《かくさ》や階級闘争《かいきゅうとうそう》などもなくなるであろう、と述べているのである。

このことについて、池田名誉会長は、次のような話をされている。「(牧口先生は、)いわゆる資本主義の立場も、社会主義の立場も、『物質的満足《まんぞく》』に幸福をみている点では同じであるとし、その共通の誤《あやま》りを指摘《してき》されたのである。この点、牧口先生は思想的に、のちの冷戦構造《れいせんこうぞう》をも、すでに超越《ちょうえつ》しておられた。幸福は相続できない。『幸福』は、だれからも与えられない。だれも与えることはできない」(『池田大作全集・八四巻』)

幸福の第一条件である健康《けんこう》のためには、活動を第一とする。

（『創価教育学体系・第一巻』）

さらに、牧口常三郎は、幸福の第一の条件は健康《けんこう》であり、そのためには活動が大切である、と述べている。しかも、活動は、価値創造的でなければならない。

幸福は相続できないし、だれからも与えられず、だれも与えることはできない。だから、幸福は、自分自身が主体的に創造する以外にない。これが、牧口の信条であった。自分で幸福になれる人間、そして、自他《じた》ともの幸福を創造する人間——まさに、これが、牧口の目指した、教育の目的だったのである。

第二節　人生の究極《きゅうきょく》目標としての価値《かち》

価値を創造《そうぞう》するための教育

人間には、物質を創造する力はない。われわれが創造できるものは、価値のみである。
いわゆる価値ある人格《じんかく》とは、価値創造力の豊《ゆた》かなものを意味する。
この人格の価値を高めていくのが教育の目的で、この目的を達成するための適当な手段を明確化しようとするのが、創価教育学の目指《めざ》すところである。

（『創価教育学体系・第一巻』）

真・善・美を人生の理想と見なしてきた従来の哲学的《てつがくてき》な価値体系は、根底《こんてい》から覆《くつがえ》されねばならぬ。それが、牧口常三郎の主張であった。具体的には、真の代わりに実際生活上の利を入れて、利・善・美（後には、「美・利・善」と修正されるようになった）が、価値の要素として提示《ていじ》されている。

それゆえ、牧口は、創価教育学の意義について、次のように述べている。「本書を創価教育学としたのは、知識の詰《つ》め込み主義などの一部分的教育に安んぜず、利と善と美の価値の総合たる幸福生活の指導をもって教育の目的とし……」。すなわち、子どもたちが、どのような環境《かんきょう》に置かれても、「利を生みだし害を除き」、「善をおこない悪をこらしめ」、「美をもたらし醜《しゅう》をしりぞける」等々の、価値創造の能力《のうりょく》を培《つちか》っていけるように援助する――そのような指導のあり方こそが大切なのである。

これまで価値の要素《ようそ》とされてきた真・善・美のうち、真理は、実在することをいったものだから、善悪や好《す》き嫌《きら》いによって評価する対象《たいしょう》ではない。真理は認識《にんしき》することはできるが、評価《ひょうか》することはできない。そこで、牧口は、真理と価値とはまったく別なものである、としたのである。

たとえば、火山が噴火《ふんか》したとしよう。噴火そのものは、人間がいやがっていようといまいと、自然の営《いとな》みによって起きている。地下にマグマが存在するかぎり、地球上に噴火があるのは、ひとつの真理だからである。

これに対して、価値は、人間が生み出すことができるものである。たとえば、画家は、真っ白なキャンバスに、美しい絵を描《か》く。それを鑑賞《かんしょう》すると、人びとは心の安らぎを得る。画家は、美の価値を生み出したことになるのである。

毎日のように近くの公園を掃除《そうじ》している人がいる。また、休日になると福祉施設《ふくししせつ》へ出かけて、援助《えんじょ》の手をさしのべる人がいる。さらには、NGO（非政府組織）などに参加して、社会的な広がりをもったボランティア活動に取《と》り組《く》む人もいる。これらは、すべて、何らかのかたちで、善の価値を創造しているのである。

牧口は、新たな価値を見つけだし、生み出して、幸福な生活へ高めていくということを、「価値創造《かちそうぞう》」と名づけている。

幸福のために人間が創造していく価値とは、何なのか。牧口は、人生の、そして、教育の究極《きゅうきょく》目標を明確化するために、『創価教育学体系・第二巻』(一九三一年)において、従来とは異《こと》なった、新しい価値体系を構築《こうちく》するようになる。

美・利・善

児童《じどう》が教師に「これは何ですか」と質問する。この場合に、「まだこんなことが解《わか》らないのか」と反対に責《せ》めたてるならば、これは、明らかに、認識《にんしき》作用と評価《ひょうか》作用とを混同したようなものではないか。問う者は、自分ができるかできないかの判定を求めてはいない。ただ、ある事柄《ことがら》が解らないから質問する。つまり、教えてくれと言っているのである。できるかできないかといった人格的評価のようなものは、理解したあとで、いくらでもできることである。それなのに、質問の的《まと》を外《はず》して、要求もしていない別のことに注意を転じて、勝手《かって》に威嚇《いかく》していながら、それによって児童の理解を進めようとするのは、心意の働きをまったく混乱して見ているのである。こんな教師につけば、学習《がくしゅう》がうまく進まない子どもたちは、ますますわからなくなってしまうだけである。また、それと同様に、父母や兄姉が学習している子どもを指導するにあたって、子どもがわからないのに腹を立てて、やたらに叱《しか》り飛ばし、それで目的を達したと錯覚《さっかく》しているのは、認識と評価とを混同しているのである。

(『創価教育学体系・第二巻』)

牧口常三郎は、価値論において、真理（認識《にんしき》）と価値（評価《ひょうか》）とはまったく別次元のものであるということを、何度も何度も強調する。

牧口が例をあげているように、現在でも、「これは何ですか」と質問されたときに、「まだこんなことがわからないのか」と叱る教師が、数多くいるのではなかろうか。わからないから質問した子どもに向かって、能力がないという判断をくだしてしまうのは、認識と評価を混同しているからである。

物の見方や考え方が乱れてしまうのは、このことが原因である、と牧口は述べている。たしかに、現代の社会においても、正しく認識しようとせず、軽薄《けいはく》に人を評価し、物事を一方的に判断するような風潮が、いまだにはびこっているのである。

真理（認識）とは何か。価値（評価）とは何か。牧口は、ありのままの姿や形を表したものが、真または真理であり、評価する主体（人間）と評価される対象《たいしょう》（事物や環境）との関係性を表したものが価値である、と指摘《してき》する。そして、真理は見いだすものであり、創造することはできないが、価値は発見したり、創造したりできるものである、と言う。

真理は、どんなことがあっても変わらない。ところが、価値は、時と場合によって変化する。しかも、価値があるかないかは、主体としての人間と対象となる事物や環境との、関係性によって決まってくる。

たとえば、空腹のときの食事は何でもごちそうに見えるが、満腹《まんぷく》のときはどんなに高価な料理でも食べたいとは思わない。つまり、欲しい人にとっては価値があっても、欲しくない人にとっては価値がないので、物それ自体に価値があるとは言えないわけである。

一、美的価値《びてきかち》＝部分的生命に関する感覚的《かんかく》価値

二、利的《りてき》価値＝全人的《ぜんじんてき》生命に関する個体的《こたいてき》価値
三、善的《ぜんてき》価値＝団体的《だんたいてき》生命に関する社会的《しゃかいてき》価値

（『創価教育学体系・第二巻』）

牧口常三郎は、美・利・善が価値の要素《ようそ》である、と定めている。これらについて、具体的に説明していくことにしよう。

はじめに、「美」の価値とは、個々人の生命が五官（目・鼻《はな》・耳《みみ》・舌《した》・皮膚《ひふ》）をとおして感覚する部分的・一時的なものであり、いわば何らかの快適さを味わうようになること。たとえば、美しい絵画を見たり、自然の景色《けしき》を見たり、あるいは、面白《おもしろ》い小説を読んで、心が休まるということなどである。

また、「利」の価値とは、単なる利益の追求《ついきゅう》というよりも、むしろ、各個人がみずからの生命を維持《いじ》・発展させるために必要な、経済的・合理的・能率《のうりつ》的な価値のことを指す。「利」の字がイメージする経済的な富というより、実際生活に役立つものということである。当然、富も含まれるし、便利《べんり》さとか効率なども含まれる。

さらに、「善」の価値とは、「美」と「利」とが個人的なものであるのに対して、社会的

なものを意味している。それは、各個人が要素となって統一された集合体（社会や組織）の発展に寄与《きよ》していく、人間の積極的・建設的な行為《こうい》に相当する。

たとえば、家族・親族のみならず、友人・知人を大切にするとか、ボランティア活動などにも参加して、身近《みぢか》なところから、他者のため、社会のためにはたらくこと。まさに、公共の利益を考えて行動することこそが「善」なのである。

そして、これらとまったく逆の効果を生ずる反価値が、それぞれ、醜《しゅう》・害・悪であるとされている。

牧口「価値論」の最大の特徴は、幸福を追求していくために、日常生活の現実的な場面をまっすぐ見つめる「利」の要素、つまり、経済的・合理的・能率的な価値を導《みちび》き入れたことにあるだろう。

しかし、牧口は、実際生活上の「利」の価値を重視しながらも、最終的には、「善」の価値、言い換えれば、社会に対していかに貢献《こうけん》するかがもっとも重要な要素である、と位置づけているのである。

牧口常三郎は、自他ともに幸福な生活が教育の真の目的である、と言っている。そして、とりわけ、「利」と「善」とが相矛盾《あいむじゅん》しない生き方を、強く求めているのである。

社会生活の意義をじゅうぶん理解したうえで、自他《じた》ともに、個人も全体も、ともに繁栄することができるような、豊《ゆた》かな人格に高めていこうとするのが、ほんとうの教育なのである。

自他ともの幸福

ある者は、巨万《きょまん》の富《とみ》を持つことによって幸福として満足《まんぞく》し、ある者は、高位高官になることを最上の幸福と感じるというような例は、いくらでも挙《あ》げることができるだろう。それらは、幸福という概念《がいねん》の形成が不完全であることによる、誤《あやま》りというべきであろう。

(『創価教育学体系・第一巻』)

牧口常三郎は、美・利・善の追求《ついきゅう》が幸福をつかむ道である、と言っている。芸術・文化の追求である「美」がそなわって、経済的・合理的・能率的な「利」の価値の追求がなされ、しかも、「善」を求めて不正をなくし、正義が確立されること。そうした努力によって、人間的な社会が建設され、世界の平和が創出《そうしゅつ》されるようになる。この三つがそろっていなければ、かたよった社会、ゆがんだ社会になってしまう。

とくに、現代のように、政治偏重《へんちょう》、経済偏重、科学技術偏重の社会では、芸術・文化の次元である「美」の価値を大切にし、広げていくことが重要になる。なぜかと言えば、人間一人ひとりを大切にする社会は、文化を大事にする社会にほかならないからである。

牧口は、しばしば、次のように、語っていたという。

お金がたまった。立派《りっぱ》な家を建てた。ひとかどの地位を得た。これで、ぜいたくができ、人前に出てもハナが高い。しかし、もうその先は、よくわからない。――このような種類の人は、人生の目的たる真正の幸福を知らない人である。

富貴《ふうき》・財産・名誉《めいよ》・地位などは、幸福の要素ではある。しかし、それらは、幸福の一要素、または、一様相《ようそう》をあらわしたものにすぎない。それらは、幸《しあわ》せを感じ得たとしても、ほとんどの場合が、他者との比較《ひかく》にもとづいて一時的かつ表面的な自己満足《じこまんぞく》に終始する、まぼろしのようなものなのである。

たとえ、万人がうらやむような富や名声を勝ち得たとしても、そこには、常に、はかなさがつきまとっている。だから、牧口は、人間の生き方の問題、一人ひとりの人間の心根《こころね》のあり方を、大変重視していたわけである。

それでは、自他ともの幸福は、実際生活に即して、どのようなかたちでとらえられるのか。つまり、幸福とは具体的《ぐたいてき》に何を指すのかが、明らかにされなければならない。

今の教育者には、まだ、「個性の尊重《そんちょう》」などといった緻密《ちみつ》な問題を論じる資格はない。それよりもまず、根底《こんてい》であり本《もと》となる幹《みき》である一般性を伸ばすための、人と時代を問わない普遍の方法を見いだすことが、さしせまった緊急《きんきゅう》問題である。根幹《こんかん》ができあがったあとでこそ、枝葉《しよう》の問題が議論されるべきである。

（『創価教育学体系・第四巻』）

これは、現代の教育論議に対する痛烈な批判《ひはん》である、と言えるだろう。牧口常三郎がこれを書いたのは昭和の初めであるが、今日でも、学校教育の真の意義をこれほどわかりやすく表現していることばに出あうことは、まれにしかない。

画一《かくいつ》教育反対、個性の尊重《そんちょう》ということは、昔から叫ばれつづけてきた。しかし、学校は、共同生活の場なのである。個性を大切にするのは言うまでもないことだが、それよりも、むしろ、社会性を育《はぐく》むことが大事ではないか。ともどもに仲良く楽しく生活していく知恵を身につけなければ、個性もへったくれもあったものではない。いろんな人と出会い、ふれあってこそ、おたがいのちがいにも気がつくようになる。要するに、友人の多い人ほど、個性豊《ゆた》かに生きている、とは言えまいか。

わたしたちは、人間によって人間らしくなる。個性をみがくのは、他者とのふれあいをとおしてなのである。

戦後において、日本国憲法のもとで制定された教育基本法のなかでは、個性の尊重とともに、平和な社会を建設する社会性豊かな人材の大切さが、はっきりと強調されている。けれども、戦前の反動からか、自由が叫ばれ、個性の重視が必要以上に優先《ゆうせん》されてきた。場合によっては、周囲の人びとを傷つけてまでも、自分を押し通そうとしてしまう。

これでは、本末転倒《ほんまつてんとう》ではないか。しかも、学校教育そのものが、社会のなかで生き残るための、熾烈《しれつ》な競争の場と化している。ほんとうの意味で、学校は、いまだかつて、子どもたちのために営《いとな》まれてはいないのである。

池田名誉会長は、このことに関連して、次のような話をされている。

「自分だけ良ければ、という小さなエゴイストではなく、『知恵の全体性』を問いながら、自分の生き方を人類の運命にまで連動させゆく『全体人間』ともいうべき俊逸《しゅんいつ》の育成こそ、教育の本義であることを、私は信じてやまないのであります」(「教育の目指すべき道――私の所感」)

常に、何のためと問いつづけながら、自分らしく学び、おたがいのために生きる人を育成する。これが、教育の本義なのである。

どんな状況におかれても「自分自身の力で価値を創造できる人間」、また、「自他ともの幸福を創造できる人間」を、ひとりでも多く輩出《はいしゅつ》する。古今東西の歴史を見渡してみても、結局は、それ以外に、平和をもたらし、人類を幸《しあわ》せにする方法はない。それが、人びとの心田《しんでん》に種《たね》を蒔《ま》く人の、誠実な祈りと行動によってもたらされた、全人類的な知恵なのである。

第三節　「民衆賢人《けんじん》運動」に先駆《さきが》ける

日蓮大聖人の仏法との出あい

創価教育学体系の研究が次第に熟《じゆく》し、まさに第一巻を発表しようとしたころ、不思議な因縁《いんねん》から法華経《ほけきよう》の研究をこころざし、研究が進んでいく間に、私の宗教観に一大変革《へんかく》が起こった。

私は、禅宗《ぜんしゆう》の家に生まれ、法華《ほつけ》の家に養《やしな》われたのであったが、何ら信仰の念はなかった。苦学力行《くがくりきこう》の青年期に敬愛《けいあい》し親近《しんきん》した師友《しゆう》は、たいがいキリスト教徒であったが、ついに入信するにはいたらなかった。壮年になって上京以後、儒教《じゆきよう》の道徳だけでは不安に堪《た》えられなくなり、ふたたび参禅《さんぜん》したり、キリスト教の説教を聴《き》いたり、深呼《しんこ》吸法《きゆうほう》をも習《なら》い、その他の教説にも近づき、多少の入信はしたが、ついに深入りすることはなかった。……（それらは）いずれも、科学および哲学《てつがく》の趣味《しゆみ》を転じさせるような、または、それと調和《ちようわ》するほどの、力があるものと感じることはできなかったからである。

ところが、法華経《ほけきよう》に逢《あ》い奉《たてまつ》り、その教えが、われわれの日常生活の基礎《きそ》をなす科学・哲学の根本原理《こんぽんげんり》にほかならず、それらとは少しも矛《む》盾《じゆん》がないこと、今まで教わった宗教道徳とはまったく異なることに驚き、心が動きはじめた矢先《やさき》、生活上に不思議な現象《げんしよう》が数種あらわれ、それがことごとく法華経の文証《もんしよう》に合致しているのには、驚嘆《きようたん》の外《ほか》なかった。そこで、一大決心をもっていよいよ信仰に入ってみると、「天晴れぬれば地明《あきら》かなり、法華を識《し》るものは世法を得《う》べきか」との日蓮大聖人の仰《おお》せが、私の日常生活のなかでなるほどと肯《うなず》かれることとなり、言語に絶する歓喜をもって、ほとんど六十年の生活法を一新するにいたった。暗中模索《あんちゅうもさく》の不安が一掃《いっそう》され、生来《せいらい》の引っ込み思案《じあん》がなくなり、生活目的がいよいよ遠大となり、畏《おそ》れることが少なくなり、国家教育の改造を一日も早くおこなわせなければならぬというような大胆《だいたん》な念願を禁ずることができなくなった、などがそれである。

しかも、それは、「彼が為《ため》に悪を除くは彼が親なり」という最大の慈悲《じひ》を最高の正直によって生活する、法華経の精神に従っていくと、「諸天善神は昼夜に常に法の為の故に之を衛護《えいご》し給う」との経文が、いささかながらも、研究と体験とによって証明されたからである。創価教育学の研究にも、これから大いなる信念を得て、一大飛躍《ひやく》することとなり、ついに、このような大胆《だいたん》な表現を、あえてするにいたったのである。

（『創価教育学体系梗概』）

牧口常三郎は、教育革命から宗教革命へと進んでいった経緯《けいい》を、このように記している。日蓮大聖人の仏法との出あいは、まさに、大いなる飛翔《ひしょう》のチャンスであった。

牧口は、常に、教育の目的は人生の目的と同じでなければならない、と主張する。その目的とは、民衆一人ひとりがみずからの力で勝ち取る、自他ともの幸福である。

教育によって、人間は幸せにも不幸にもなる。その意味で、教育の使命はまことに重大なのである。教育を手段とした社会は、多くの人びとを犠牲《ぎせい》にするようになる。まして、近代日本の国家主義的教育が、戦争によってアジアの人びとまでも塗炭《とたん》の苦しみにおとしいれたことは、歴史的な事実なのである。

宗教の目的も、教育の目的と同じで、本来は、民衆のためにある。それなのに、宗教の歴史をふりかえると、聖職者たちは必ず堕落《だらく》した。民衆を幸福にするどころか、宗教の権威《けんい》によって民衆を利用し、不幸におとしいれることが、あまりにも多かった。人間を救済するための宗教の教えが、いつしか人間をしばるものとなって、理性の眼を狂《くる》わせ、人びとの自由な考えを抑《おさ》えつけた。

しかし、民衆がしっかりとした教育を受けていれば、宗教の教義についても、聖職者の行動についても、正しい判断をすることができる。

これとは逆に、教育を受ける機会がなく、自由に学ぶことができなければ、いつまでたっても、民衆は宗教の奴隷《どれい》のままである。よこしまな聖職者たちは、民衆を勝手気ままにあやつり、人びとは、物事の正邪・善悪すら、わからなくなっていくにちがいない。

こうした悪循環《あくじゅんかん》を、何としても、断《た》ち切っていかなくてはならない。だから、牧口は、教育革命にとどまらず、より根本的な宗教革命に挑戦《ちょうせん》するようになる。信仰こそが、教育も含んだ、あらゆる物事の基礎となる、人間の精神の変革を可能にするからである。とりわけ、日蓮大聖人の仏法は、もっとも根底的な生命の問題を解《と》き明かし、すべての民衆を幸福にすることのできる、唯一《ゆいいつ》の方途《ほうと》にほかならないのである。

日本の精神風土の大改造

自分が見もせず、聞きもせず、確《たし》かめもせず、すなわち、経験して認識することをせずに、いたずらに他人の評判を信じて、附和雷同《ふわらいどう》するのが、それである。

(『創価教育学体系・第二巻』)

牧口常三郎は、七十三歳で獄死《ごくし》するまで、生涯を通じて不当な権力と闘《たたか》いつづけている。だから、児童たちから慕《した》われ、短期間のうちに子どもたちの学力を向上させた、実績のある校長でありながら、何度も左遷《させん》されている。それは、地元の有力者の子どもを特別扱いしなかったなどの理由によって、権力者たちが理不尽《りふじん》な介入《かいにゅう》をしたからであった。

だが、牧口は、いわれなき仕打ちに対しても、たじろぐことはなかった。権力の傍若《ぼうじゃく》無人《ぶじん》な悪がまかりとおってしまう背景に、日本のゆがんだ精神風土があることを、するどく見抜いていたからである。牧口は、そのような日本の精神風土を深く憂慮《ゆうりょ》し、権威《けんい》・権力に従順《じゅうじゅん》な、民衆の卑屈《ひくつ》さを払拭《ふっしょく》しようとした。

現在でも、多くの人は、官が上で民は下だと思っている。公僕《こうぼく》が、尽くすべき民衆を見下《くだ》して、「主」として存在すべき民衆が、官僚《かんりょう》や政治家などに頭を下げている。

また、学校では、教師が上で、児童・生徒が下であるということが、今でも、ほとんど、常識とされている。権威主義は、相も変わらず、はびこっている。

こうした転倒《てんとう》の状態を、少しでも早く、改めなくてはならない。牧口の闘いは、そのような「卑屈《ひくつ》にして脆弱《ぜいじゃく》な精神土壌」を、根底から突き崩《くず》すことにあった。民主の基盤《きばん》を建設することにあった。

牧口は、次のように述べている。

日本人には、自主・自立の気概《きがい》に欠《か》けていて、自分の意見を堂々と述べる勇気がない。結局は、「長いものには巻《ま》かれろ」との気休めの諺《ことわざ》どおりに、あきらめてしまう。何とも意気地《いくじ》のないことではないか。

また、日本人の国民性の特質のひとつに、自分より力を持った目上の人が好むことを推《お》し量《はか》り、その人の思惑《おもわく》に対して柔順《じゅうじゅん》に従うという、きわめて脆弱《ぜいじゃく》な気質がある。権威の言いなりになってしまい、都合《つごう》が悪くなると、すぐに沈黙《ちんもく》して、闘おうとしない。さらに、そのうえ、いとも簡単に、世間のうわさに踊《おど》らされるようになる。

このままでは、いつまでたっても、民衆は利用されるだけである。正義を掲《かか》げて、毅然《きぜん》と立ち向かわなければいけない。

池田名誉会長は、「そうした『民主主義の気骨《きこつ》』のない風土との戦いの果《は》てに、牧口先生は〝民衆仏法の人間主義の哲学を、確たる精神の柱としていく以外にない〟と結論された。日蓮大聖人の仏法に到達《とうたつ》されたのである」(『池田大作全集・八六巻』)と語っている。

牧口は、日蓮大聖人の仏法(妙法)を、精神の柱としていく以外にない、と悟《さと》るようになった。ほんとうに民主的な社会を建設するためには、妙法を根本としなくてはならない。そのことを確信して、国家権力の弾圧《だんあつ》にもひるむことなく、言うべきことを、勇猛果敢《ゆうもうかかん》に主張していったのである。

このように、牧口の人生は、民衆が賢《かしこ》くなっていくこと、そして、民衆が高い知恵を身につけていくことに捧《ささ》げられていた。池田名誉会長は、このことを「知恵の民衆化」「民衆の知恵化」と表現し、「それも全部、『すべての子ども、すべての人々を幸福にしたい』との祈りから生まれた目標であった」(『池田大作全集・八四巻』)と語っている。

正直者が決してバカを見ない世の中。まじめにはたらく人が、それ相応《そうおう》の評価を得られる社会。そして、力を有する者たちが、そうでない人びとのために奉仕《ほうし》する、民主のシステム。そのために、民衆が賢明《けんめい》になり、みずからの幸福の条件を整《ととの》える——それが、宗教革命であり、創価革命なのである。

軍国主義へ突き進んだ時代のさなかに生み出された、民主的な創価思想は、牧口の死後半世紀以上を過ぎて、今や、ようやく、ほんとうの意味で理解されるようになってきた。第三の千年へ船出した人類は、やっとのことで、本格的に、人間それ自体の問題に取り組まざるを得なくなってきたのである。

人びとが人間の変革を求めるようになってはじめて、創価思想にもとづいた行動は、正当に認識・評価されることになるだろう。なぜなら、それは、宗教的な権威でも、国家権力でもなく、民衆を基盤にしながら、民衆のレベルから開拓《かいたく》された、平和の世紀の建設作業であるからだ。

人道的競争《じんどうてききょうそう》の時代を開く

第一段階　軍事的競争の時代
第二段階　政治的競争の時代
第三段階　経済的競争の時代
第四段階　人道的競争の時代

（『人生地理学』）

牧口常三郎は、一九〇三年に出版された『人生地理学』のなかで、人類の発達段階《だんかい》という観点《かんてん》から、生存競争形式の変遷《へんせん》を四つに分けて論じ、「生存競争の最終の勝利は道徳にあり」と述べている。すなわち、徳の力、人格の力で勝つ人が、究極《きゅうきょく》の勝者である、と主張する。そして、牧口は、国際社会が、軍事的競争の時代から政治的競争の時代、さらに、経済的競争の時代へと推移《すいい》してきたことを概観《がいかん》し、次に来るのは人道的競争の時代である、と展望するのである。

たしかに、当時も、今も、人類の発達段階は、まだまだ第三の経済中心時代にとどまっている、と言えるだろう。多くの物事が、依然《いぜん》として、利害関係によって決められてしまっているからである。

しかし、牧口は、それが人類の最終段階ではない、と考えていた。経済的競争に代わって次に来るべきものが、人道的競争であるというのは、容易《ようい》に想像できるであろう、と述べている。軍事・政治・経済の競争ではなく、人道の力が世界をリードし、世界の国々が人道を競《きそ》い合う時代が到来《とうらい》する、また、そうなるようにしていかねばならない、と見定めていた。

文化や精神によって、民衆どうしの心と心を通《かよ》わせながら、人類の幸福に貢献《こうけん》することを競い合う。牧口は、そうした全地球レベルの創造的な友好を、いち早く呼びかけていたのである。

卓越《たくえつ》した地理学者であった牧口は、自然環境《かんきょう》をも含む人類社会の共生《きょうせい》の実相を、わかりやすく論じていた。『人生地理学』は、人間の生活ともっとも密接《みっせつ》な関係をもっている太陽の観察《かんさつ》にはじまり、最終的には文明社会の未来《みらい》にまで、その考察《こうさつ》が展開《てんかい》されている。

同書は、その名のとおり、人間の生き方そのものに、真正面《ましようめん》から取り組んだものである。『人生地理学』が著《あらわ》された二十世紀初頭《しよとう》は、帝国主義《ていこくしゆぎ》の全盛期《ぜんせいき》であった。帝国主義とは、他国を犠牲《ぎせい》にしてでも自国の利益を追求し、領土を拡大しようとする思想であり、当時、世界の強国はみな、それを当然のことと考えていた。日本も例外ではなかった。

その時に、牧口は、生存競争の最終の勝利は道徳《どうとく》にある、と主張した。列強《れつきよう》は少しでもすきがあれば、競《きそ》って他の国を奪《うば》おうとし、そのためには横暴残虐《おうぼうざんぎやく》も何はばかることなくおこなっている。それを理想にかなうものとしている帝国主義など、盗人《ぬすつと》となんら変わりはないではないか、ときびしい批判《ひはん》を加えている。

牧口のことばは、民衆《みんしゆう》への慈愛《じあい》のまなざしから発する、いわば人間主義宣言《せんげん》である、と言えるだろう。社会の制度・機構《きこう》を整《ととの》えるだけでなく、そこに、人間的な温《あたた》かさが通《かよ》っていなければならない。たとえ、善政をほどこして、貧《まず》しい者・弱い立場に置かれている者に、いくらかの金銭を与えたとしても、それだけで、人びとが幸福になることはない。

武力（軍事）や権力（政治）や財力（経済）ではなく、何よりもまず、人間としての人格の力、人間の力をいかに強め、深めていくか――ここにこそ、人類の希望の道がある。それが、青年期から一貫して追求されていたテーマであった。

牧口は、日本が国家主義によって、外に向かっては他国の侵略《しんりゃく》へと突き進み、内に向かっては国民に対する統制《とうせい》を強めていったさなかに、地球・人類という次元から国家を見すえ、やがてくる新時代に、世界はどうあるべきかというビジョンを書き記《しる》している。『人生地理学』の「第二十八章　国家地論」のなかでは、国家の役割が、①国内で起こる事件から国民を守ること、②外国の攻撃から国民を守ること、③国民の権利や自由を保《ほ》障《しょう》すること、④国民の幸福を増進《ぞうしん》させること、の四つであるとされている。そして、とくに、国民一人ひとりの自由を確保《かくほ》する、個人の権利を保護《ほご》する、国民の生活に対して、その幸福の増進を図《はか》る、等々が大切であると強調されている。

牧口は、国家の最終目的は、人民を支配《しはい》することではなく、人道の完成にあるべきだ、と考える。そのうえで、人類は人道的競争を志向《しこう》する時代に入っていくべきである、と提《てい》唱《しょう》する。そして、今日、その卓越《たくえつ》した先見性《せんけんせい》は、時代の趨勢《すうせい》が証明するところとなった。今や、人間主義の光が、全世界を照らしはじめているのである。

とにかく、人類が進むべき道は、人間主義のほかにはない。そのなかにこそ、人間を、とりわけ、民衆を原点とする、正義の大道があるのである。

『人生地理学』の課題は、開かれた人間を育てたい、ということにあった。だから、牧口は、日本の島国根性《しまぐにこんじょう》について、海洋国の気風《きふう》と比較《ひかく》しながら、次のような点を指摘《してき》する。度量《どりょう》が狭《せま》く、排外的《はいがいてき》。うぬぼれが強い。小さな境涯《きょうがい》で満足《まんぞく》する。自分勝手《かって》でひとりよがりな行動をする。目先の安楽を手放そうとしない。保守的で、古い習慣《しゅうかん》を改めず、一時のがれを繰り返す。抜きん出た人の足を引っ張り、貶《おとし》めようとする。小さな問題で争《あらそ》い合う。外国人に対しては、尊大《そんだい》にふるまう一方、内心は、こそこそと疑い深く、恐れている。

牧口は、閉ざされた人間をつくりだしてしまう日本の悪しき島国根性とは、きびしく対決したのであった。そして、開かれた人間を育てたいという深き思いは、晩年《ばんねん》になって、『創価教育学体系』(全四巻)として、見事に結実《けつじつ》することになる。

世界市民の育成

人間は誰でも、損《そん》よりも得《とく》を、悪よりも善を、醜《しゅう》よりも美を、禍《わざわい》よりも福を、求めている。より良い価値、より高い価値を、目的としたいと思っている。これに応じて起こったのが、政治・経済・科学・法律・道徳・宗教などの各分野《かくぶんや》なのであり、社会の団結も同じである。ゆえに、「教育の目的」も「信仰の目的」も、そこから外に出ることはない。

（「大善生活の根本原理」）

人生の目的が幸福の追求《ついきゅう》であることを、牧口常三郎は繰り返し述べている。民衆が幸福になるためには、まず第一に、賢明《けんめい》でなくてはならない。一人ひとりの人間が、自分自身の知恵を開発し、その知恵を自分らしく発揮《はっき》しながら、価値を創造する。そうすることによってはじめて、幸福な生活を勝ち取ることができる。

人間は、地位や肩書《かたが》きで人物を判断《はんだん》しがちだが、地位の高い人や立派《りっぱ》な肩書きをもっている人が良い人である、とはかぎらない。だからこそ、牧口は、どうすれば民衆が賢明《けんめい》になれるのかを、追求しつづけたのであった。

池田名誉会長は、「民衆を賢明にし、民衆の幸福をつくるのが『創価革命』であり、『仏法革命』である」(『池田大作全集・八三巻』)と言われている。牧口は、まさに、その先駆《さきが》けをしたのである。

牧口は、青年時代に、辺地《へんち》教育の研究にも取《と》り組《く》んでいた。当時の北海道は、開拓《かいたく》がしだいに進められていたが、都市から遠く離れた村では人口が少ないため、全校生徒が十数人というところも多かった。それゆえ、一人の教師が、学年のちがう子どもたちを、一つの教室で教えることになる。牧口は、そのような教室での教え方について研究し、論文を発表したほか、単級教授法講習会のリーダーとしても活躍《かつやく》したのである。

また、一九一三年(大正二年)四月、東京の下町にある東盛尋常《とうせいじんじょう》小学校と下谷《したや》第一夜学校の校長を兼任《けんにん》した牧口は、貧《まず》しくて読み書きができない住民の多い地域で、人間性豊《ゆた》かな教育の足跡《そくせき》を残している。この学校には、文房具《ぶんぼうぐ》さえ十分に買えない児童《じどう》もいた。牧口は、文房具店と交渉《こうしょう》して、子どもたちが市価より安い値段《ねだん》で買うことができるようにしたこともある。

三年後、隣接《りんせつ》地域に大正《たいしょう》尋常小学校が開設されると、牧口は、望まれて、初代校長に迎えられている。しかし、この区域の保護者《ほごしゃ》には、子どもに教育を受けさせる必要はないと考えている人も多かった。牧口は、保護者の理解を得るために、各家庭を訪問《ほうもん》して、子どもたちがどのような生活状態にあるかをよく調べ、納得《なっとく》の対話を重《かさ》ねていったのである。はじめのうちは「教育なんて必要ない」と言っていた親たちも、牧口の話を聞いて、教育の必要性を理解し、積極的《せっきょくてき》に子どもを通学させるようになった、という。

後に、本所区《ほんじょく》（現墨田区《すみだく》）の三笠尋常《みかさじんじょう》小学校の校長となった牧口は、校内の宿舎《しゅくしゃ》に住み、ときには、自分の給料《きゅうりょう》で、子どもたちのために衣服《いふく》や食べ物を買っている。弁当《べんとう》を持参《じさん》できない子どもたちのために、味噌汁《みそしる》つきの弁当を支給《しきゅう》することもおこなった。

自分だけが幸《しあわ》せであれば、ほかの人はどうでもよいという、利己《りこ》主義の幸福ではいけない。わたしたちの生活は、他の人びとと手をたずさえていかなければ、しばらくでも真の安定を得られないということを自覚して、ともどもに求める幸福でなければならない。

牧口は、そのことばどおりに実践《じっせん》しつづけたのである。

池田名誉会長は、「牧口先生の教育思想の根幹には、『真の幸福は、社会の一員として、民衆と苦楽をともにしなければ得られない』という哲学《てつがく》があったと私は思っております」と述べている。そして、また、「個人主義と利己主義は、まったく違《ちが》う。『民衆に奉仕《ほうし》する』という断固《だんこ》たる『信念《しんねん》』にこそ、本当の個人主義があり、自立《じりつ》した人間の生き方がある」（「輝きの明日へ」7）とも語られている。

牧口は、利己主義の幸福ではなく、自他ともの幸福、すべての民衆の幸福を目指《めざ》していた。だからこそ、平和社会の建設のために、国家権力の横暴《おうぼう》に対しても、勇敢《ゆうかん》に立ち向かい、ついには獄死《ごくし》するまでになる。その意味で、牧口常三郎は、池田名誉会長が提唱《ていしょう》された民衆賢人《けんじん》運動の、まさしく、先駆者《せんくしゃ》・創始者《そうししゃ》なのである。

一、無自覚的無我《むじかくてきむが》の生活＝受力《じゅりき》の生活―依他的《えたてき》生活
二、自覚的私我《じかくてきしが》の生活＝自力《じりき》の生活―独立的《どくりつてき》生活
三、超自覚的公我《ちょうじかくてきこうが》の生活＝授力《じゅりき》の生活―貢献的《こうけんてき》生活

（『創価教育学体系・第一巻』）

牧口常三郎は、『創価教育学体系・第一巻』のなかで、人間の生活様式を三つの発達段階に分けて論じている。

第一の依他的《えたてき》生活とは、人間として何をなすべきかの自覚《じかく》もなく、環境《かんきょう》に支配《しはい》されて生きている――いわば自分がない生き方、と言えるだろう。周囲《しゅうい》のだれかの言うことを、

何も考えず信じ、さからいもせずに従っていくような生き方が、それである。この場合、言われたことの意味を理解して従っているのではなく、形だけの模倣《もほう》であるがゆえに、実際の生活には、必ず不都合《ふつごう》が生じるようになる。

第二の独立的《どくりつてき》生活とは、第一の生き方を脱皮《だっぴ》して、自分自身の力でもって行動するような生き方を指す。しかし、この生き方は、しばしば、自分の考えがもっとも正しいとする独断《どくだん》におちいることがある。他人の言葉をうのみにするのはよくないが、かといって、ひとりよがりになるのは、問題なのである。

第三の貢献的《こうけんてき》生活とは、自分だけが正しいと思って傲慢《ごうまん》になるのではなく、他者を尊敬し、他者を認めていく生き方である。言い換《か》えれば、自他《じた》ともの幸福の実現を、人生の目的としていく生き方である。それは、他者や社会に対して貢献することを、みずからの目的とする生活である。

こうして、他者への依存から、自立した生き方、さらには貢献的な生き方へと、一人ひとりが向上し、思う存分に、生き生きと活躍し、輝《かがや》いていく。牧口は、こういうふうに目《め》覚《ざ》めた民衆の連帯《れんたい》をつくりだすことを、念願《ねんがん》していたのであった。

人間は、社会のなかで、ともどもに生きている。そして、自分の能力を発揮《はっき》し、社会に貢献することができたとき、ひときわ大きな喜びを得るようになる。自分が生まれて来たのは、このためであった、と感じるものなのである。

たとえば、職場や地域の柱となって、周囲の人びとから信頼され、みなと苦楽《くらく》を分かち合う。そんなときにこそ、自分自身の使命や社会的な存在価値がたしかなものとなる。

牧口が創始《そうし》した戦前期の創価教育学会は、日蓮大聖人の仏法（人間主義の哲学）を根本とする教育によって、民衆一人ひとりが賢《かしこ》くなり、ともどもに人間の幸福を目指そうとする、明るく開かれた人間の集まりであった。したがって、牧口常三郎の生き方を原点とする、今日のＳＧＩ（創価学会インタナショナル）は、まさに、人間主義の価値創造の道をともに学ぶ、世界市民の集合体なのである。その運動は、自他ともに幸福創造の道を探求《たんきゅう》しつづける、世界平和へ向けての人民の連帯にほかならない。

人間主義の創価思想にみずから目覚めた人びとは、民衆賢人運動の主体者にほかならず、開かれた心を体した世界市民なのである。

補説1　牧口「価値論《かちろん》」の全体像《ぜんたいぞう》

牧口常三郎の価値論は、『創価教育学体系・第二巻』（一九三一年）のなかに体系化《たいけいか》されている。それは、当初、人間の幸福・子どもたちの幸福を目指すための、教育原理《げんり》として構想《こうそう》されたものであった。

教育の目的である自他《じた》ともの幸福、また、そのためにも民衆が賢《かしこ》くならねばならぬということについては、『人生地理学』（一九〇三年）ばかりでなく、『教授の統合中心としての郷土科研究』（一九一二年）や『地理教授の方法及内容の研究』（一九一六年）でも、明白に表明されている。そして、幸福とは価値創造であるとの洞察《どうさつ》は、教育者としての経験や思索《しさく》をふまえたうえで、『創価教育学大系概論《がいろん》』（一九二九年ごろ）、『創価教育学体系』（全四巻、一九三〇〜三四年）へ結実することになった。

牧口常三郎の価値論は、もともと、人生の目的・教育の目的を明らかにし、教育内容を再検討して、正しい教育方法を探究《たんきゅう》していくために、学習指導主義《がくしゅうしどうしゅぎ》の立場から著《あらわ》されたものであった。つまり、牧口「価値論」は、人材育成の根本原理として、この世に生み出されたわけである。

人生地理学と価値論

牧口「価値論」の特異性は、真理と価値とを明確に立て分けるところにあるが、その萌芽《ほうが》は、青年期の『人生地理学』にまでさかのぼる。『創価教育学体系・第二巻』の「序」では、そのことが、次のように回想《かいそう》されている。

なお、不思議《ふしぎ》なのは、拙著《せっちょ》『人生地理学』との関係である。人生地理学は、地と人との関係の現象《げんしょう》を研究対象《たいしょう》となし、その間における因果《いんが》の法則を見いだそうとしたもので、まったく価値現象を研究していたのである。それは、今、本書において価値概念《がいねん》を分析《ぶんせき》し、ついに、その本質を、評価主体と対象との関係力なりと定義したことによっても、判然《はんぜん》とするだろう。すなわち、その当時は、価値という名称にまではいたらなかったとはいえ、すでに、薄膜一重《はくまくいちじゅう》のところに接近《せっきん》していたのであるが、これを意識しなかっただけにすぎない。今から見ると、真《まこと》に馬鹿《ばか》らしいことであったのである。

（『創価教育学体系・第二巻』）

そもそも、最初の著作『人生地理学』は、カントの哲学《てつがく》を受《う》け継《つ》いだ、ヘルバルトの教授理論を手がかりとして著《あらわ》されたものであった。なかでも、経験《けいけん》と交際《こうさい》の対概念《ついがいねん》は、後になって峻別《しゅんべつ》される真理と価値、認識《にんしき》と評価《ひょうか》の関係に深くかかわっている。より具体的に表現すれば、それは、学問と生活との関係に、対応《たいおう》しているように思われる。（ただし、

牧口常三郎は、それら両者を、本質的には一体不二《ふに》なるものと、とらえていた。この点については、補説2を参照〕

したがって、牧口は、『創価教育学体系』において、あくまでも幸福生活を目的とするという観点から、当時は自明の理想であった新カント派の哲学的な価値論を、根本的に改めることになった。つまり、「真・善・美」（ことによっては「真・善・美・聖」）より、むしろ、「利・善・美」が、価値の必要十分な要素である、と喝破《かっぱ》したのである。

思想家は革命家《かくめいか》へと飛翔《ひしょう》した

「論より証拠《しょうこ》」という日本古来《こらい》の俗語《ぞくご》は、われわれの生活に対する研究法の方向を明示《めいじ》しているのに、かえって邪魔《じゃま》して、それを悪道に導《みちび》いているのが、今のいわゆる智者・学匠《がくしょう》である。

そこで、夜と昼とを取り違えたことになったのは、今日のいわゆるインテリ階級である。いわく、「知ってからでなければ信じられぬ」と。

かくして、生活と学問、生活と宗教とは、関係のない別々のものと誤解し、それをもって正解とするにいたった。

われわれは、これを元に戻すために骨をおっているが、何分とも多勢《たぜい》に無勢《ぶぜい》。天下に名高い学者に対して、われわれの微力《びりょく》ではどうにもしかたがなく、創価教育学を発行したとて「馬耳東風《ばじとうふう》」。やむをえず、同志諸君の実験証明の力を待つより外《ほか》になしとあきらめて、著書をやめてこの実験証明にうつったのである。これは、「愚人《ぐにん》にほめられたるは第一の恥《はじ》なり」と仰《おお》せられた日蓮大聖人のほんとうの御弟子になって、開眼《かいげん》されたからである。

それでもやっぱり、愚人にほめられたさの名誉心《めいよしん》がこびりついていたために、大衆に呼びかけていたのだが、これも思い違いで、少数の同志を見いだすほかに方法がないということも、失敗してみてはじめて、悟《さと》ることができたのである。馬鹿《ばか》の知恵はあとからというのは、たしかに真理である。

（「大善生活法の実践」）

牧口常三郎は、「創価教育学」の全体構想がほぼ定まりかけていた一九二八年（昭和三年）に、日蓮大聖人の仏法（妙法）に帰依《きえ》している。そして、妙法への確信が深まるにつれて、教育原理としての学習指導主義は、民衆救済までも視《し》野《や》に収《おさ》めた生活指導主義へ昇《しょう》華《か》されていく。

このため、『創価教育学体系』の内容も、第一巻から第四巻にいたるまで、それ相応の理論的な発展を刻《きざ》んでいる。その後、『創価教育学体系梗概《こうがい》』（一九三五年春ごろ）を経て、『創価教育法の科学的超宗教的実験証明』（一九三七年）になると、民衆救済《きゅうさい》の立場から、理論そのものよりも実験証明の実践に重点が置かれるようになった。

牧口常三郎は、創価教育学会の機関誌『価値創造・第四号』（一九四一年十二月）のなかで、その間の事情を上記のように述べているのである。

大聖人の仏法への確信が、文証《もんしょう》・理証・現証をとおしてよりいっそう深まるにつれて、牧口の価値論は、理論面で大きく飛翔《ひしょう》していった。たとえば、学習指導主義にもとづいた利・善・美は、生活指導主義に依拠《いきょ》した美・利・善に修正《しゅうせい》され、「価値判定の標準《ひょうじゅん》」自体も、どんどん改訂《かいてい》されていく。

実践《じっせん》の面にあっては、著書によるというよりも実験証明の活動をもって示し、それでもだめなら、講演で呼びかける。しかし、やはり、ほんとうに納得《なっとく》が得られるためには、少人数での学習会や座談会が有効《ゆうこう》であった。しかも、究極的《きゅうきょくてき》には、一対一の対話しかない。これが、民衆救済のあり方なのだ、と悟《さと》るようになる。

正視眼《せいしがん》の生き方

牧口常三郎の価値論は、北海道で教職についていた青年時代から、絶えず発展しつづけていた。理論の構築《こうちく》とそれを裏づける実践は、最晩年にいたるまで、一瞬《いっしゅん》もとどまることがなかったわけである。

そして、最終的にたどりついた境地がどのようなものであったかは、次に示す創価教育学会の綱領《こうりよう》（一九四一年）を見れば、一目瞭然《いちもくりようぜん》であるだろう。

一、本会は、他者を顧《かえり》みられない近視眼的《きんしがんてき》世界観にもとづく個人主義の利己的《りこてき》集合にあらず、自己《じこ》を忘れて空観《くうかん》する遠視眼的《えんしがんてき》世界観にもとづく虚偽《きよぎ》なる全体主義の集合にもあらず、自他ともに安き寂光土《じやっこうど》を目指す正視眼的世界観による、真の全体主義の生活の実験証明をなすをもって光栄とす。

二、牛後《ぎゆうご》に甘《あま》んずる臆病《おくびよう》なる小善人にあらず、鶏口《けいこう》たらんとする勇敢《ゆうかん》なる大善人にして、はじめて法華経《ほけきよう》の信仰に入り、異体同心《いたいどうしん》・共存共栄《きようぞんきようえい》の生活に革新《かくしん》できるはずである、と信ず。ゆえに、本会は、営利《えいり》を目的とせずといえども、最大の利善を目的とす。

三、「慈《じ》なくして詐《いつわ》り親《した》しむは即ち是れ彼が怨《あだ》なり。彼が為《ため》に悪を除くは即ち是れ彼が親なり」という法華経の真髄《しんずい》に従い、化他《けた》によっての自行《じぎょう》を励《はげ》み、もって生活革新《かくしん》の実証をなすを、会員の信条とす。

四、「触《さわ》らぬ神に祟《たた》りなし」とは、悪師・悪友などの悪魔《あくま》に対すること。善師・善友などの善神には、触れば触るほど得であり、触らねばかえって損《そん》であり、祟《たた》りがある、と信ず。

五、「罪根深重《ざいこんじんじゅう》に及び増上慢《ぞうじょうまん》にして、未《いま》だ得ざるを得たりと謂《おも》い未だ証せざるを証せりと謂《い》う」人は、折角《せっかく》の入信でも、ともに住するに堪《た》えざる者、と信ず。

（『価値創造・第一号』）

一九五三年（昭和二十八年）に、牧口の十周忌《じっしゅうき》を記念して発行された、戸田城聖（創価学会第二代会長）補訂版《ほていばん》の『価値論』は、そうした飛翔《ひしょう》・飛躍《ひやく》の軌跡《きせき》をふまえて、改訂《かいてい》されたものであった。

牧口常三郎は、みずからの価値論を「日蓮大聖人の仏法（妙法）への梯子段《はしごだん》」である、と言っている。それは、いわば、妙法を素直《すなお》に信じて行じるための、手引きの役目を果《は》たすものにほかならない。そのうえ、さらに、価値論のなかには、日蓮大聖人の教えを現実社会のなかに生かすための具体的な手がかりが、わかりやすく記されているのである。

そして、最後に、『価値論』自体が、師弟不二《していふに》の証《あかし》であったということは、特筆すべきことであろう。それは、まさしく、牧口常三郎と戸田城聖との師弟のきずなの賜物《たまもの》であった。『価値論』は、弟子である戸田が、師匠の深き祈りと果敢《かかん》な行動を慮《おもんぱか》り、その理論と実践のあり方を、価値創造的にまとめあげたものなのである。(『創価教育学体系』の第一巻から第三巻までは、戸田城聖の手によって編集され、出版された)

第二章　「精神の闘争《とうそう》」へ挑戦《ちょうせん》

第一節　「大善生活」への道

社会の平和と繁栄《はんえい》を願って

損《そん》よりは得《とく》を、害よりは利を、悪よりは善を、醜《しゅう》よりは美を、そして、いずれも、近小よりは遠大をと希望し、ついに、無上最大の幸福に達しなくてはいられないのが、人情であり理想である。価値創造の生活とは、これを意味する。

（『価値創造』・創刊の言葉）

牧口常三郎が創価教育学会を設立《せつりつ》したのは、すべての人が価値創造的な生活をおくるため、ひいては、社会に平和と繁栄《はんえい》をもたらすためであった。人間はだれでも、損よりは得を、害よりは利を、悪よりは善を、醜《しゅう》よりは美を、そして、もっと広い、もっと大きなものを、と望んでいる。究極的《きゅうきょくてき》には、無上最大の幸福に達することを願っているからである。

価値とは何か。価値を創造するとは、どういうことか。牧口常三郎は、『創価教育学体系・第二巻』の「価値論」のなかで、さまざまな角度から考察《こうさつ》する。

人生の目的は幸福であり、幸福とは価値の追求《ついきゅう》にほかならない、つまり、美・利・善の価値を創造するということが、幸福をつかむための方法なのである。

美とは、芸術・文化の追求である、と言えるだろう。また、利とは、経済的・合理的《ごうりてき》・能率的《のうりつてき》な価値のことで、いわば「生活上の役に立つ」という意味である。そして、善とは社会的な価値を指し、社会全体の利益を増進させることである。

ことに、善は、個人の好《す》き嫌《きら》い（美の価値）や損得（利の価値）よりも重視されている。なぜなら、個人にとっては利益であっても、社会に害をおよぼすものであれば悪となり、個人にとって一時的には損であっても、社会全体に益があれば善となるからである。しかも、善には、小善・中善・大善があり、大善に反する小善や中善は、かえって大悪となる。一人ひとりの人間にとっては、他者のため、人類のために行動することが大善である、と牧口は言っている。そして、最高の大善とは、自他ともの幸福のために、日蓮大聖人の仏法をみずからが行《ぎょう》じて弘《ひろ》めること、それこそが最大善である、と結論する。

大善生活とは、自行化他《じぎょうけた》の信仰生活のことをいう。自行とは、法の利益《りやく》を受ける修行。化他とは、他人に利益を受けさせる、教化《きょうけ》・化導《けどう》のことである。したがって、自行化他とは、自分が幸《しあわ》せになると同時に他人をも幸福にしていこうということなのである。

依法不依人《えほうふえにん》（法に依って人に依《よ》らざれ、『涅槃経《ねはんきょう》』）
無慈詐親是彼怨也《むじさしんぜひおんや》（慈無くして詐《いつわ》り親しむは〈即ち〉是れ彼が怨《あだ》なり、『涅槃経疏《しょ》』）
為彼除悪是彼親也《いひじょあくぜひしんや》（彼が為《ため》に悪を除くは〈即ち〉是れ彼が親なり、『涅槃経疏』）

（『創価教育学大系概論』）

一九二八年（昭和三年）、五十七歳のときに日蓮大聖人の仏法に帰依《きえ》してから、牧口常三郎は、大聖人がしばしば用いられた「依法不依人」「無慈詐親是彼怨也」「為彼除悪是彼親也」の文を、新しい生き方の指針《ししん》とする。

牧口は、自他ともの幸福を実現するために、大善生活法を、経文どおり、実践《じっせん》した。日蓮大聖人の教えのままに、勇猛《ゆうみょう》精進《しょうじん》するのである。それは、ひとえに、自行化他《じぎょうけた》の大善生活法の正しさを、現実のうえで証明していくためであった。大善生活が、だれにでもできるということを、日常生活のなかで具体的に示すためであった。みずからの姿をとおして示さなければ、無上最高の生き方がどういうものであるかは、決して理解されないからである。

無限《むげん》なる時間・空間および精神・物質両界にわたる大宇宙《だいうちゅう》の因果《いんが》の法則に従った、最大価値の生活法を証明されたのが、仏教の極意《ごくい》である。因果の法則といっても、自然科学の研究対象《たいしょう》たる物質的なものだけではなくて、心と物との相互《そうご》関係により、価値として現れる因果《いんが》倶時《ぐじ》の法則である。すなわち、因果一念、または、一念三千といわれる仏教の極意《ごくい》こそ、われらの生活と離れることのない、この法則の本体として、何人《なにびと》も尊崇《そんすう》し奉《たてまつ》らずにはいられない目的なのである。

（『創価教育法の科学的超宗教的実験証明』）

牧口常三郎は、文字どおり、生命を賭《と》して、宗教革命に邁進《まいしん》する。その体験をとおして、一念三千の法理が価値論の究極《きゅうきょく》であるということを、深く悟《さと》るようになっていく。牧口は、『創価教育法の科学的超宗教的実験証明』（一九三七年）のなかで、自己自身の後半生の軌跡《きせき》を、次のようにつづっている。

晩年は、東京市の小学校長たること二十年、隠退後《いんたいご》、もっぱら創価教育学の著述《ちょじゅつ》に従事《じゅうじ》すると同時に、たまたま宗教革命《かくめい》によって生活法を一変して、ここに八年。この間、経文の予証《よしょう》どおりの種々なる障《しょう》魔《ま》の競起《きょうき》に遭《あ》い、大いなる怨嫉軽蔑《おんしつけいべつ》の的《まと》となり、友人などの近づくものも減少したが、他方には、その因縁《いんねん》によって、意外なる人格者に親《しん》近《きん》の機会をえて、不肖《ふしょう》ながらも更正《こうせい》を指導した新親友は百名にものぼり、経文における変毒為薬《へんどくいやく》の大法則が鮮明《せんめい》に見えるにしたがって、憐《あわ》れむべき低級邪法《じゃほう》の信者の生活を見るにつけては、傍観《ぼうかん》して慳貪《けんどん》の罪に堕《だ》するに忍《しの》びない感じを深くし、およばずながら、自行《じぎょう》すなわち化《け》他《た》の生活をいそしむの結果が、ついに今日にいたったのである。

牧口常三郎は、子どもたちの幸福をひたすら念願《ねんがん》していた、慈愛《じあい》あふれる教育者であった。そして、当初、『創価教育学体系・第二巻』としてまとめられた価値論は、もともと、教育革命の根本原理の書として著《あらわ》されたものである。

しかし、価値論の意義は、日蓮大聖人の仏法との出あいを契機《けいき》に、よりいっそう大きく飛翔《ひしょう》することになる。それは、最終的には、全民衆《ぜんみんしゅう》の救済を目指《めざ》す宗教革命の、生活指導原理に高められていくのである。

宗教は、一人ひとりの人間の生き方と密接《みっせつ》なかかわりをもっている。信心は即生活であり、信心は即社会であるとは、このことを指しているのである。

子どもたちの幸福のため、また、民衆の幸福のため、ひいては、世界平和の実現のためには、何が必要なのか。その答えが、日蓮大聖人の仏法を一切の根本とする、宗教革命・教育革命なのであった。

国家より人間を優先《ゆうせん》せよ

千メートル競走《きょうそう》のついでに百メートルの競走はできるが、百メートル競走のついでに千メートル競走はできない。

（「目的観の確立」）

これは、創価教育学会の機関紙『価値創造』に掲載《けいさい》された、「目的観の確立」という文章の一節である。牧口常三郎は、別の著書でも、人生の目的は、近小の目的が定まってから遠大の目的が定まるべきものではない、遠大の目的が定まってはじめて近小の目的が定まるべきものである、と述べている。

牧口は、目的観の確立の大切さを、幾度《いくど》も繰り返して強調《きょうちょう》する。なぜかと言えば、目的なしの行動は暗中模索《あんちゅうもさく》のままにとどまり、揚《あ》げ句《く》のはてに、一切の生活は不安におちいって、どうあがいても、成功はおぼつかないからである。最終的な目的が明確でなければ、途中の目的が定まるわけはない。人生の行路《こうろ》も、それと同じで、究極的な目的が確定しなくては、中間の目的がわかるはずもない。

牧口常三郎は、このことを、次のように表現する。

世界がわからずに国家がわかるものではない。国家の生活が確立《かくりつ》しなくては、一家の生活が定まるはずがない。ゆえに、一家の生活を確立しようとするには、国家の生活が確立しなくてはならない。世界の生活が定まらなければ、国家の生活は定まらない。その世界は、現在だけではわからない。世界は、過去《かこ》・現在・未来《みらい》の三世がわからなくては理解できない。三世にわたる因果の法則がわかってこそ、はじめて現在の各自の生活が確立できる。それは、現世《げんせ》にかぎられた科学の力ではできない。宗教がなくては国家も個人も生活が確立しないという理由は、そこにある。

大善をなすには、何よりもまず、目的観《もくてきかん》の明確化《めいかくか》が不可欠《ふかけつ》となる。その目的とは、人間の幸福であり、自他《じた》ともの幸福なのである。

国民あっての国家であり、個人あっての社会である。個人が伸長《しんちょう》発展すれば、やがて、国家・社会の繁栄《はんえい》となり、充実となり、拡張《かくちょう》となる。これに反して、個人が縮小《しゅくしょう》すれば、国家の衰微《すいび》となり、勢力の減退《げんたい》となる。国家・社会は、原素《げんそ》（である個人）の結合《けつごう》によって栄え、分離《ぶんり》によって衰《おとろ》え、解散によって消滅するものである。

（『創価教育学体系・第一巻』）

『創価教育学体系・第一巻』は、国家主義がしだいに勢《いきお》いを増してくる、一九三〇年代のはじめに出版されている。〝お国のため〟が叫ばれるようになった時代であった。しかし、牧口常三郎は、国民あってこそ国家が存在するのであり、個人の繁栄《はんえい》があって社会の繁栄がある、と明言する。一人ひとりの人間に、徹底《てってい》して光をあてているのである。

個々の人間の内面からの変革《へんかく》は、やがては社会を変え、国家を変え、世界をも大きく転《てん》換《かん》させていくことが、何にもまして強調《きょうちょう》されている。そして、これは、池田名誉会長が執筆されている、『小説・人間革命』の主題と共鳴《きょうめい》するのである。

牧口は、治安維持法違反《ちあんいじほういはん》と不敬罪《ふけいざい》で逮捕《たいほ》された際《さい》の取り調べに対しても、毅然《きぜん》と対応したのであった。担当《たんとう》の検事に対して、創価教育学会に入会しなければ、国民一人ひとりの生活の安定と幸福はもちろん得られないし、国民一人ひとりの安定と幸福がなければ国家社会の安定性も得られない、と確信をもって主張する。全体主義の国家権力のあり方を、きびしく批判《ひはん》していたわけである。牢獄《ろうごく》のなかでも、命がけで、捕《と》らえた当の相手を諫《いさ》めていた。

こうした歴史の真実をふまえながら、池田名誉会長は、「本来、『人間』が上であり、『国家』が下である。『民衆』が主であり、『権力』が従である。これは牧口先生の一貫《いっかん》した主張であられた」(「創立者とともに」7)と語られている。それが、創価の精神、創価の正義なのである。

牧口は、地球的な規模《きぼ》で国家の行く末《すえ》を見ていた。すでに、『人生地理学』のなかでは、国家は国民の自由と権利と幸福を守るためにある、と記されている。また、『地理教授の方法及内容の研究』でも、国家権力は、個人の人格を尊重《そんちょう》し、人間の精神世界にまで立ち入って干渉《かんしょう》すべきではない、と主張した。

国家よりも、一人ひとりの人間を優先《ゆうせん》せよ。そして、開かれた心で全人類のために貢献《こうけん》する、世界市民を育てたい。牧口は心の底から、そうなるように念願《ねんがん》しつづけていたのである。

小善・中善・大善

一、近視眼的偏見《きんしがんてきへんけん》の世界観にもとづく個人主義的な小善小悪の生活
二、遠《えん》視眼的偏見の世界観にもとづく反個人主義的（空全体主義的）な中善大悪の生活
三、正《せい》視眼的全見の世界観にもとづく真全体主義的な大善無悪の生活
（「新体制の理想たる大善生活法の意義と可能」）

牧口常三郎が、美・利・善の新しい「価値論」を構築する際に、もっとも強調していたのは、人間の生き方それ自体の問題であった。というのも、幸福な生活への具体的な手立

てが明らかにされなければ、いつまでたっても、人びとは、不幸にあえぐことになるからである。

牧口は、世の中に三種類の生き方があることを、わかりやすく明示《めいじ》する。それが、右記のような生活の三階級である。

第一に、自分の目先のことにとらわれて、全体観に立った行動ができないのは、「近視《きんし》眼的《がんてき》生活」。

第二に、できもしない理想ばかりを述べて、実践《じっせん》が少しもともなわないのは、「遠視眼《えんしがん》的《てき》生活」。

第三に、遠大《えんだい》な理想を抱《いだ》いて、目的を明確にしながら、身近《みぢか》な足もとから実践するのが、「正視眼的《せいしがんてき》生活」である。

しかし、残念ながら、日本には、たいてい、そのうちの二種類の人間しかいない、と牧口は嘆《なげ》いている。

そのひとつは、遠視眼の人である。いろいろな知識をもってはいても、みずからを顧《かえり》みず、自分の見方や考え方を決して変えようとはしない人。たとえ、どんなに素晴《すば》らしい話を聞いても、自分とは関係のない話であると思い、「対岸《たいがん》の火事」を見ているような人である。そして、このような人にとって、学問と人生、宗教と生活は、まったく無関係なものになってしまっている。だから、知識をいくら学んでも、自分のものにはできず、いわば借《か》り物のままなのである。

また、もうひとつは、目先の利害しか考えられない、近視眼《きんしがん》の人である。この種の人は、自分のことばかりに没頭《ぼっとう》して、周囲の人びとのことを考える余裕《よゆう》がない。結局は、自己中心的な生活に終始する、小人物にすぎない。

牧口は、これらの両方ともが中途半端《ちゅうとはんぱ》な生き方であるとして、正視眼《せいしがん》の人を求めていた。世界的な大哲学《だいてつがく》をもち、しっかりとした価値意識《かちいしき》を身につけ、それを実際の生活のなかで役立てることのできる人間にならなくてはいけない。それが本物の生き方である、と主張するのである。

さらに、牧口は、以上のような三種類の生き方が、それぞれ、小善・中善・大善に相当する、と言っている。

小善・中善の生き方は、激しく揺《ゆ》れ動く社会のなかで、はじき飛ばされ、消え去ってしまう。そして、貧《まず》しい人にお金をあげるというような一時しのぎの善意は、必ずしも、おたがいの幸福に結びつくとはかぎらない。いくらお金や品物をあげたとしても、その人が、それによってほんとうに幸福になるとは言い切れない。かえって、自力で立ち上がろうとする意欲《いよく》を失わせ、堕落《だらく》させてしまうかもしれないからである。

このことについて、池田名誉会長は、次のような話をされている。

「優《やさ》しさにも『小さな優しさ』『中くらいの優しさ』『大きな優しさ』があると言えるかもしれない。牧口先生は言われている。『友情にも三段階ある。一万円に困る友人がいるとする。一万円やって救うことは小善、就職《しゅうしょく》の世話《せわ》をしてやることが中善、その友人に怠《なま》け心があって、それがわざわいするなら、金をやることや会社を世話することは、かえって悪心を増長させる（ひどく増大させる）。根本の悪である怠惰根性《たいだこんじょう》をとってやること、すなわち正しい信仰を教えることこそ真の友情である』と。その意味で、広宣流布《こうせんるふ》というのは、最高に『優しい』行動なのです。最高のヒューマニズムです。仏法以外でも、『大きな優しさ』の場合は、かえって相手に誤解《ごかい》されることもある。親が子どものために、あえて厳《きび》しく『しつけ』をする心なども、そうかもしれない。諸君も大善——『大きな優しさ』の場合には、優しくした相手から、反対に憎《にく》まれたりするかもしれない。しかし、それでも相手の幸福を祈って、尽《つ》くしていくのが本当の優しさではないだろうか。そして、その時はわからなくても、大誠実を尽くしておけば、きちんと信用が残るものです。いつか、『あの人は、自分のことをこんなにも思ってくれたのか』とわかるものです」（『青春対話』3）

日蓮大聖人によって示された、個人の人間革命（一生成仏《いっしょうじょうぶつ》）と社会の平和・繁栄《はんえい》（広《こう》宣流布《せんるふ》）のための実践《じっせん》こそ、最高に優《やさ》しい行動であり、根本の悪を取り除く、真の大善にほかならない。だからこそ、創価学会は、一生成仏と広宣流布とを大目的とするのである。

美・利・善の調和《ちょうわ》

目的の三観

一、近小＝部分＝一時＝美醜《びしゅう》＝盲目的《もうもくてき》＝盲目的　三《さん》観《かん》
一、遠小＝全身＝一生＝利害＝空目的《くうもくてき》＝盲目的　明目的　そろって
一、遠大＝全体＝永久＝善悪＝空目的＝空目的　確《かく》実《じつ》

（「法華経の信者と行者と学者及び其研究法」）

牧口常三郎は、最晩年になると、美・利・善の調和が大切であるということを、目的観

の遠近大小に照らし合わせて、明確に図式化《ずしきか》するようになる。大善をなそうと思うのであれば、美・利・善のバランスを、ほどよく保《たも》たねばならないからである。

まず、最初に、「近小の目的観」しか持てない場合は、美醜《びしゅう》にこだわり、自分の好《す》き嫌《きら》いでもって、物事を一面的に判断《はんだん》するようになる。そして、このような生き方にとどまるかぎり、一時的な満足しか得られずに、盲目的《もうもくてき》な人生をおくることになる。おいしいものを食べたとか、いろいろなところへ遊《あそ》びにいったということを、唯一の楽しみにするようなものである。

また、二番目の「遠小の目的観」に左右《さゆう》される状態《じょうたい》とは、利害のみにとらわれた生活のことを指す。つまり、自身や家庭などの身近なことのみに関心をうばわれて、他者の存在や社会のあり方などについては、ほとんど考えることがない。そして、このような自己中心的な生き方も、やはり、盲目的なのである。

三番目の「遠大の目的観」とは、理想に生きているとはいうものの、いいかげんな日常生活をおくっているような場合を指す。立派《りっぱ》なことは言うけれども、自分の足下《あしもと》はぐらぐらした状態にある。このような生き方は、空目的《くうもくてき》なのである。

牧口は、「近小」「遠小」「遠大」の、三つの目的観のどれにもかたよらない、調和のとれた生活が大変重要である、と言っている。そして、このことは、左図のように表《あらわ》されているのである。

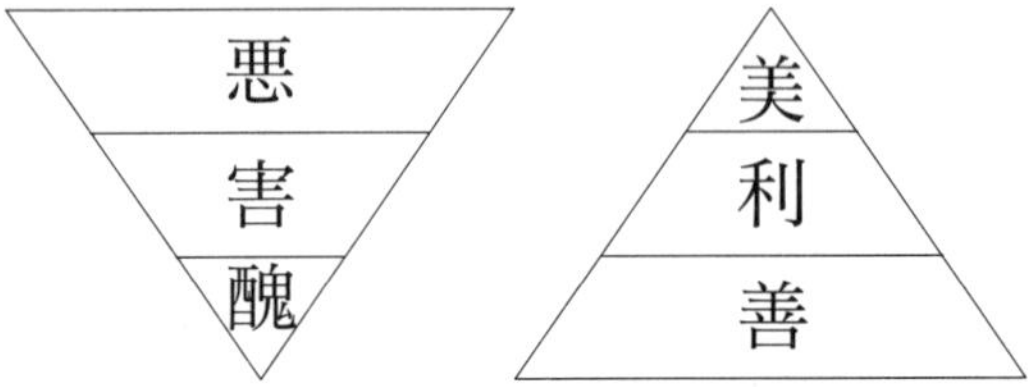

（「本総会は大善生活の綜合展覧会」）

美・利・善のそれぞれの要素は、どれひとつをとっても、欠《か》かせない。しかも、善の上に利があり、利の上に美があるような生き方こそが大善生活の基礎《きそ》である、と考えられている。これとは逆《ぎゃく》に、醜《しゅう》・害・悪は、醜よりは害、害よりは悪というふうに、大善生活を妨《さまた》げる力が増《ま》すのである。

お金はたまったかもしれないが、健康《けんこう》には不安があるから、思う存分のくらしが成り立たない。また、大きな目標を抱《いだ》いていても、家族や親族の不和のために、思いきってふみだせない。そして、力も技量《ぎりょう》も優《すぐ》れているが、品行《ひんこう》が悪くて周囲《しゅうい》に余計《よけい》な迷惑《めいわく》をかける場合など。これらは、いずれも、近小（美）・遠小（利）・遠大（善）の三観がバラバラな状態を指している。大善は、「三観そろって」、ほんとうの意味で「確実《かくじつ》」なものとなるわけである。

さらに、また、牧口常三郎は、職場においても、家庭においても、地域社会においても、何事によらず生活をなすには、常に遠近大小の三観にもとづき、目的を定めて生活しなければならない、と論じている。遠近大小の一つか二つを忘れては、物事は必ず失敗《しっぱい》するのである。とくに、末法《まっぽう》の世においては、人はみな部分観《ぶぶんかん》にとらわれているから、わたしたちがそのなかで大善をするのは敵前上陸《てきぜんじょうりく》をするのと同じである、とまで言っている。

感情的になったり（近小）、自己の利害にとらわれたりして（遠小）、人間らしさを見失《みうしな》っている人が多いから、大善（正しい法を弘《ひろ》めたり、正しい法にもとづく生活）をなすのはむずかしい。敵が武器を持って待ちかまえているところに、あえて乗り込んでいくほどの覚悟《かくご》がなくては、大善はできない。大善生活というのは、閉ざされた日本社会の根っこに巣《す》くった病弊《びょうへい》に立ち向かう、比類《ひるい》なき精神の闘争であるからだ。

牧口がそういう講演をしたのは、戦争中の一九四二年（昭和十七年）十一月におこなわれた、第五回総会の席上であった。同じ年の五月十七日に開催された第四回総会でも、「われわれは国家を大善に導かねばならない。敵前上陸も同じである」と語っている。

第二節　民衆《みんしゅう》救済《きゅうさい》の根本原理《こんぽんげんり》

絶対的《ぜったいてき》な善と相対的《そうたいてき》な善

大善生活とは、多少でも余裕《よゆう》のある生活力を意味することにおいて、欠乏《けつぼう》や人並《ひとな》みだけの小善生活と区別される。……自分だけの目前の生活に生命力のことごとくを消耗《しょうもう》して不安にもだえる、寄生的《きせいてき》な餓鬼《がき》道《どう》の生活を離れて、明日の用意をなすとともに、他人を助けるだけの余裕《よゆう》を持つ生活に安住《あんじゅう》することである。(「大善生活法即ち人間の平凡生活」)

大善生活法とは、具体的《ぐたいてき》にはどのようなものであろうか。牧口常三郎は、世間《せけん》で言われる善は中善・小善にすぎず、日蓮大聖人の仏法にもとづいた生き方こそが大善生活法である、と言っている。

日蓮大聖人の仏法(妙法)を根本とする生活とは、利己《りこ》主義や独善《どくぜん》主義の生き方とはまったく異《こと》なったものである。まして、何かに寄りかかって生きる、臆病《おくびょう》な生活でもない。それは、勇気あふれる人びとが、正しいもののために自分らしく努力《どりょく》する、そういう生き方を指《さ》すのである。

牧口は、人びとを最大幸福の境涯《きょうがい》に導《みちび》くための生活革新《かくしん》運動に挑戦《ちょうせん》する。だから、大善という最大価値の創造を、現実の生活のなかで行動によって証明し、研究し、指導せんとするのが、創価教育学会の目的である、と定めていた。事実、創価教育学会の主要な活動であった座談会では、牧口を囲《かこ》んで、各人の体験を発表しあい、それぞれの信仰の深化《しんか》をはかるばかりでなく、おたがいの幸福を求めて、社会の平和と繁栄《はんえい》についてまでも語られていたのであった。

牧口は、日蓮大聖人の教えのままに、大善生活法の正しさを、みずから実験証明するようになる。そして、特高警察の取り調べに対しては、創価教育学会の目的が、日蓮大聖人の仏法を根本として、価値論を生活に生かすことにある、と主張する。それは、法華経《ほけきょう》(日蓮大聖人の仏法)こそが、人間の生活についてのもっとも価値ある、無上最大の法である、と確信していたからであった。

牧口の究極《きゅうきょく》的な願いは、民衆救済《みんしゅうきゅうさい》にあった。ひとりでも多くの人を創価教育学会に入会させ、日蓮大聖人の仏法を根本とする価値論の意義を理解・把握《はあく》させて、自他《じた》ともの幸福を得られるようにする。このことこそ、牧口が生命あるかぎりつらぬき通した、精神の闘争の真の目的だったのである。

三世常住《さんぜじょうじゅう》、永久不滅《えいきゅうふめつ》の生命の生活を対象《たいしょう》として、そこに一貫《いっかん》する因果《いんが》の法則を見いだして、絶対至高《ぜったいしこう》なる正邪・善悪の標準《ひょうじゅん》を確立し、その規範《きはん》にのっとることによって、はじめて至幸至福《しこうしふく》というべき生活をなしとげようとするのが、人心の深底《しんてい》に横たわる要求で、宗教の起こるゆえんである。

（『創価教育学体系・第二巻』）

牧口常三郎は、相対的《そうたいてき》な善と、至上《しじよう》最高の絶対的《ぜったいてき》な善とを、明確に立て分けて論じていた。科学の力がおよぶのは、相対的な善の領域《りよういき》だけである。人間が求める絶対的な善は宗教の力によるほかはない、と洞察《どうさつ》したのである。

世間一般で善といわれているものは、大小高低を比較《ひかく》できる相対的な善にすぎない。至上最高の絶対的な善を求めようとすれば、宗教の領域《りよういき》に入っていかなくてはならない、というのである。

時間と空間を超越《ちょうえつ》した永久に揺るがない善、地球社会の人類全体に共通する善は、宗教によってしか得られない。となると、牧口は、どのような宗教を求めていたのであろうか。それは、永遠の生命を説き、過去世《かこせ》・現在世・未来世《みらいせ》の三世にわたって、一貫《いっかん》して流れる因果《いんが》の法則を説き明かした、日蓮大聖人の仏法でなければならなかった。妙法（日蓮大聖人の仏法）によってしか、絶対至高《しこう》なる正邪・善悪の基準を確立することはできないからである。

牧口は、大聖人の仏法にもとづいた生活をすることによってはじめて、至幸至福の生活が可能になるということを、善悪の判定基準から表明する。大聖人の仏法を根本として、自他《じた》とものの幸福生活を目指すのが、ほんとうの意味での大善なのである。

絶対的な善にもとづいて、自分自身の人間革命をなしとげ、周囲《しゅうい》の人びとを幸福の軌道《きどう》へ導《みちび》こうとする大善生活は、それと同時に、相対的な善も生かすことになる。もはや、善悪の基準《きじゅん》なき日本社会を救うのは創価学会しかない――それが、牧口が勇猛《ゆうみょう》精進《しょうじん》していた精神の闘争であった。

今世で人生の総仕上げが完璧《かんぺき》にできれば、永遠に、大善生活＝成仏《じょうぶつ》の境涯《きょうがい》の軌道《きどう》を、悠々《ゆうゆう》と歩むことができるのである。

日蓮大聖人の仏法にもとづいた価値判定《かちはんてい》の標準《ひょうじゅん》

一、美醜《びしゅう》好《す》き嫌《きら》いにとらわれて、利害《りがい》を忘れるのは、愚《ぐ》である、いわんや、善悪を忘れるをや。

二、利害《りがい》　目前《もくぜん》の小利害に迷《まよ》って、遠大の利害を忘れるものは、愚《ぐ》である。

三、善悪《ぜんあく》　損得《そんとく》にとらわれて、善悪を無視《むし》するのは、悪である。

四、善悪　不善は悪であり、不悪は善である。いずれも、その最小限ではあるが、それでもそうである。

五、大善悪　小善に安んじて、大善に背《そむ》けば大悪となり、小悪でも、大悪に反対すれば大善となる。

六、極《ごく》善悪　同じ小悪でも、地位《ちい》の上がるにしたがって、次第に大悪となる。いわんや、大悪においてをや。極悪《ごくあく》となり、その報《むく》いとして、大罰を受けねばならぬ。善は、その反対である。

七、空《くう》善悪　利害損得《りがいそんとく》を無視した善悪は空虚《くうきょ》であり、言うべくしておこなわれない。実際の生活にできない種類または程度《ていど》の善悪は、空《くう》虚《きょ》の概念《がいねん》でしかありえない。

八、真偽《しんぎ》　これまでの哲学《てつがく》において、真または善であり、偽《にせ》またば虚偽《きょぎ》は悪であることが、疑いの余地《よち》もない真理として信用されているのであるが、これは、人間生活の実相を正視しない錯覚《さっかく》であり、誤解《ごかい》である。

九、正邪《せいじゃ》　正邪は善悪と同じように考えられているのが普通であるが、内容はまったく違う。悪人の仲間では、悪が正で、善が邪であり、曲《まが》った根性《こんじょう》の人には、正直がかえって邪悪として嫌《きら》われている。

十、半狂人格《はんきょうじんかく》　以上のような簡明《かんめい》なる道理《どうり》の解《わか》らないものは狂《きょう》であり、解って従うことのできないものは怯《きょう》である。公職につき高位に立つ資格《しかく》のないもの、といわねばなるまい。

（「価値判定の標準」）

牧口常三郎の価値論のなかで、ぜひとも銘記《めいき》しなければならないのは、最晩年に著《あらわ》された「価値判定《かちはんてい》の標準《ひょうじゅん》」（一九四二年）という論文にほかならない。これは、『創価教育学体系・第二巻』にはじまり、『創価教育学体系梗概《こうがい》』、さらに『創価教育法の科学的超《ちょう》宗教的実験証明』を経《へ》ながら、日蓮大聖人の仏法（妙法）を根本として、最終的にたどりついた境地を、端的《たんてき》に要約《ようやく》したものなのである。

しかも、どうすれば、より多くの人びとに仏法を理解させ、実践《じっせん》させることができるかという点が、主眼《しゅがん》として考察《こうさつ》されている。それは、妙法を根本とした生活指導の原理・民衆を救済《きゅうさい》する原理として、価値論が高められていったことを意味している。

「価値判定の標準」では、仏法を根本にした生活が大善生活であることが示され、さらに、そのうえ、大善生活であるかどうかの判定基準が明確化されている。そして、その骨子《こっし》が、上記の十箇条なのである。

これら十箇条のうち、美醜《びしゅう》・利害・真偽《しんぎ》・正邪《せいじゃ》などについては、すでに、『創価教育学体系・第二巻』のなかで明らかにされている。そこで、ここで注意すべきは、主として、善悪の判定基準に関するもの（三、四、五、六、七）と、半狂人格《はんきょうじんかく》の定義に関するもの（十）であるだろう。なぜなら、牧口自身が、『創価教育学体系梗概《こうがい》』のなかで、次のように述べているからである。

ますます進んでみると、法華経《ほけきょう》のなかの肝心が、われわれの生活法の総体的・根本的なものであるのに対し、創価教育学の唱導《しょうどう》する合理的《りてき》教育法は、その部分的・末梢《まっしょう》的なものである、ということが解《わか》ったことについて、さらに大いなる驚異《きょうい》と歓喜を感じるとともに、なおよく見直すことによって、価値判定の標準などに重大なる欠陥《けっかん》があったことに気づき、善悪の判定がはじめて正確となるにいたり、それから多くの追加《ついか》補充《ほじゅう》をしなければならぬところが生じ、もって、右の自信を得るにいたったのである。

（『創価教育学体系梗概』）

○悪人の正体は

そこで、まず善悪の判定について考えてみることにしよう。

はじめに、第三の善悪の主題は、悪人の定義にある。

牧口常三郎は、自分や家族の利益《りえき》に目がくらんで、社会や国家の〝公《こう》〟の利益に反して行動するのが悪人である、と定義する。仏法でいえば、〝公〟とは広宣流布《こうせんるふ》のことである。広宣流布とは、日蓮大聖人の教えを「広く世界に弘《ひろ》め伝えることによって、平和な社会を築くこと」（『仏教哲学大辞典』創価学会版）と定義づけられている。したがって、広宣流布のために尽くしていくのが善であり、それを破壊《はかい》しようとするのは悪になる。

一身一家《いっしんいっか》の私益《しえき》に目がくらみ、社会や国家の公益《こうえき》を害するものが、悪人である。民衆《みんしゅう》の救済《きゅうさい》を目的として起こった宗教を、一宗一派の生存・繁栄《はんえい》に利用する、職業的宗教家のごときは、その最大なものではないか。

（「価値判定の標準」）

とりわけ、私益のために、宗教を利用し、信徒から搾取《さくしゅ》する——そういう僧侶《そうりょ》は、まさに、最大の悪人となる。民衆に尽くすことを使命とすべきであるにもかかわらず、それとは逆に、民衆を見下《みくだ》し苦しめる。そのような坊主《ぼうず》たちは、社会のなかに害毒《がいどく》をふりまくことになる。これほどの極悪人《ごくあくにん》は、ほかにはなかなか見あたらない。

そして、このような悪人に連《つら》なれば、そうなった人間も、結果的には、同じ罪を犯《おか》すことになる。悪は徹底《てってい》して責《せ》め抜かねばならない。大悪と闘《たたか》うものは大善となり、極悪と闘うものは極善となる。悪と闘わなければ、悪を容認《ようにん》することになり、結局は、悪人の味方をするのと同じになる。

このことが、第四・第五・第六の善悪の判定につながっていくのである。

○勇気をもって悪を責《せ》めよ

また、第四の善悪は、旧来《きゅうらい》の常識を打ち破って、不善＝悪、不悪＝善の原理《げんり》が打ち立てられるとともに、悪と闘う勇気の行動をうながしたものである。

牧口は、この世の物事には、善と悪との二つしかない、と考えていた。中途半端《ちゅうとはんぱ》なものはない。そして、日蓮大聖人の仏法を根本にすると、積極的《せっきょくてき》に善《よ》いことをしないのは、悪いことをするのと、結果的には同じになる、と言っている。

だから、牧口は、悪とは決して妥協《だきょう》しなかった。悪人を前にしても、適当なところでお茶を濁《にご》す人は、確固《かっこ》たる善も実践《じっせん》できないし、結局は、悪を助長《じょちょう》させて、悪人の友となってしまうことになる。それは、弱さゆえの臆病《おくびょう》の罪《つみ》にほかならない。

悪人の敵になりうる勇者《ゆうしゃ》でなければ、善人の友とはなりえぬ。

（『創価教育学体系・第三巻』）

牧口は、勇気のない傍観者《ぼうかんしゃ》にはきびしかった。弱い善人は、かえって悪を増長《ぞうちょう》させ、勇気をもった善人を苦しめて、正しい社会を混乱させてしまうようになる。いじめや暴力は、傍観者が多いほど残虐《ざんぎゃく》になるという。だまって、じっとしているだけでは、自分自身も、加害者と同じあやまちを犯《おか》すことになりかねない。寛大《かんだい》さの仮面をいつまでもかぶっていたら、加害者と同じになるのである。立つべき時に立ち、叫ぶべき時に叫ばなければならない。

悪人の仲間では、悪が正で、善が邪《じゃ》であり、曲《ま》がった根性《こんじょう》の人には、正直《しょうじき》がかえって邪悪として嫌《きら》われている。

（「価値判定の標準」）

牧口は、正邪・善悪について、このように規定《きてい》する。転倒《てんとう》の世の中であれば、なおのこと、悪の攻撃以上に、正義の旗《はた》を掲《かか》げながら、問《と》い詰《つ》め、闘い、追撃《ついげき》に追撃を加えよ、と教えている。

世間では、正しいことをするのがばかばかしいような風潮《ふうちょう》があるけれども、決して、引け目や恥《は》ずかしさを感じる必要はない。常に、堂々と、背筋《せすじ》を伸《の》ばし、胸をはっていればよいのである。

善悪の判定基準は、正義でなければならない。何が正（善）で、何が邪（悪）かは、自分たちの力で必ずはっきりさせることが大切なのである。

○大悪に反対すれば大善になる

第五の大善悪は、大悪と闘えば大善になることを、よりいっそう強調《きょうちょう》したものである。そして、これは、小善が大悪と化し、父母・妻子《さいし》・権力者などが、仏道修行《しゅぎょう》に精進《しょうじん》している人びとを妨《さまた》げようとする、天魔《てんま》のはたらきを指弾《しだん》したものであり、それとは逆に、大悪と闘った小悪が、かえって大善となる場合があることを、象徴的《しょうちょうてき》に示したものである。

牧口は、しばしば、「日出《い》でぬれば星隠《ほしかく》れ巧《こう》を見て拙《せつ》を知る」（『日蓮大聖人御書全集』以下御書と略、三六〇ジペー）との評価原理を用いている。それは、最大善が出現すれば、それ以下の大善小善がことごとく大悪におちいることを意味する。大善といえども、最大善にあたる日蓮大聖人の仏法に反するような生き方をするならば、結局のところは、大悪になってしまうわけである。

牧口は、次のように述べている。

「塵《ちり》も積《つも》れば山となる」との諺《ことわざ》があるが、よくよく観察《かんさつ》してみると、塵が積もって山ができたためしはない。せいぜい塚《つか》くらいのものだ。実際の山は、天地の急激なる大変動によってできたものである。それゆえ、大善の生き方は、大悪との闘いのなかにある。急激な大変動によって山ができるように、たとえ悪人でさえも、大悪に反対すれば、たちまち大善になる。それが、仏法の実践《じっせん》にほかならない。そして、大悪と闘うときにはじめて、爆《ばく》発的《はってき》な勝利があり、大きな前進があり、大きな成長《せいちょう》がある。闘うという一念が弱い人には、ほんとうの大善の生き方はできない。

牧口は、大悪と闘わず、闘えないのは利己《りこ》主義であり、ただひたすら世間の人にほめられたい、よい格好《かっこう》をしたいという臆病《おくびょう》さのせいである、と見抜いていた。大悪と闘えない小善の人は、大善をねたみ、多くの愚《おろ》か者にほめられることを喜び、大悪に反対する勇気もなく、大善に親《した》しむ広い心もないのが典型的《てんけいてき》な特質《とくしつ》である。また、悪を好まぬだけの心はあるが、善をなすだけの気力がないのは、利己主義を脱しきれないからである、と指《し》摘《てき》する。

だから、牧口は、日蓮大聖人が開目抄で仰せられた「愚人にほめられたるは第一のはぢなり」（御書二三七ページ）というご金言に照らして、しばしば、「愚人に憎《にく》まれたるは第一の光栄なり」と言っていた。世間の風評《ふうひょう》や、いわれなき非難《ひなん》に負《ま》けてはならない。むしろ、仏法のことで愚人から憎まれ、非難を受けることは、最高の光栄である。その人こそ本物の信仰者だ、と教えているのである。

○極悪《ごくあく》と闘うことが正義である

同じ小悪でも、地位《ちい》の上がるにしたがって、次第に大悪となる。いわんや、大悪においてをや。極悪《ごくあく》となり、その報《むく》いとして、大罰を受けねばならぬ。（「価値判定の標準」）

さらに、第六の極善悪《ごく》は、末法濁悪《まっぽうじょくあく》の世における極善の生き方を、そのまま示したものである、と言えるだろう。しかも、これは、民主の社会を建設する創価学会の精神闘争のあり方を、具体的《ぐたいてき》に示唆《しさ》しているのである。

牧口は、なかでも、とくに、社会の指導者層の極悪に対しては、きびしく警鐘《けいしょう》を鳴らしている。現在のような末法濁悪の世相《せそう》をかもしだしているのは、熾烈《しれつ》な生存競争のせいでも、強盗《ごうとう》・殺人などの犯罪《はんざい》のせいでもない。むしろ、それは、高官高位にとぐろを巻いて動かず、賢善有徳《けんぜんうとく》の姿をしながら、大善を怨嫉《おんしつ》し、軽蔑《けいべつ》して、大悪に迎合《げいごう》し、加勢《かせい》し、みずからの地位を守り、現状を維持《いじ》することのみに力を尽くしている、高僧・大徳・智者・学匠《がくしょう》などによるのである、と指摘する。

この世の中を悪くしているのは、新聞・雑誌などの紙面をおおいつくす事件や事故《じこ》ではない。ほんとうの悪とは、高い地位にいて、善人のふりをしながら正義の人を嫉妬《しっと》し、権《けん》威《い》にへつらい、権力にうまく取り入って、正義の民衆をばかにする、そういう人のことをいうのである。しかも、このような人物は、大悪に迎合《げいごう》して、悪を助け、自分の地位を守ろうとするだろう。それは、高僧、学者、評論家などに多いわけである。同じ罪でも、社会の指導者の罪は、はるかに大きいものである。まして、もっとも尊敬されるはずの聖職者たちが、広宣流布《こうせんるふ》を破壊《はかい》しようとした行為《こうい》は、まさしく、極悪《ごくあく》中の極悪に相当する。大罰は、必定《ひつじょう》なのである。

牧口は、歴史上で、「真に大悪に反対した大善人はめったにない」と言っていた。「仏教によって悪道に堕《お》ちる者は大地微塵《みじん》よりも多く、正法を行じて成仏《じょうぶつ》する者は爪《つめ》の上の土よりも少ない」（御書五〇七ジペー、趣意）との仏の戒《いまし》めは、こうした事実を指している。それゆえ、末法濁悪《まっぽうじょくあく》のさなかに、極悪＝日顕宗一派のようなものと闘う人びとは、そのままの姿で、正義の人、極善の存在となるのである。

○生活を無視《むし》する為政者《いせいしゃ》には社会的な存在価値がない

第七の空善悪《くうぜんあく》は、美醜《びしゅう》・利害を無視した善悪が、実際にはありえない絵空事《えそらごと》であることを、改めて確認しているものである。戦争中の滅私奉公《めっしほうこう》が、空善悪の実例である、と説明されている。しかも、これは、民衆の生活からは遊離《ゆうり》している為政者《いせいしゃ》たちの愚《おろ》かさを、公然《こうぜん》と批判《ひはん》したものなのである。

自己を空《くう》にせよということは、うそである。自分もみんなもともに幸福になろうというのが、ほんとうである。
（「目的観の確立」）

先の戦争中には、自分の楽しみや利害を捨てて、国家のために一身を捧《ささ》げるということが、美談としてさかんに語られていた。だが、牧口は、国家のために自分の楽しみや利害を捨てるなんて実際にはできることではない、美談は民衆《みんしゅう》を戦争に駆《か》り立てるための架《か》空《くう》の作り話である、と喝破《かっぱ》する。実際、当時の教科書の美談は、ほとんど作られたものであった。

滅私奉公《めっしほうこう》というのは、「自他ともの幸福」の、まさに対極《たいきょく》にある。牧口は、一人ひとりの人間の生活を無視《むし》した政策は、結局のところ、行き詰《づ》まりと敗北を招《まね》くことになる、と指摘《してき》したのである。

それは、明らかに、当時の国家権力に対する反発《はんぱつ》であった。弾圧《だんあつ》されるのは、当然だったのである。

○半狂人格者《はんきょうじんかくしゃ》たちには心せよ

最後に、第十の半狂人格《はんきょうじんかく》については、どうか。これは、日本人の心性《しんせい》に宿《やど》っている重大な病巣《びょうそう》の根源《こんげん》を、見事にえぐりだしたものであるように思われる。一種の根本的な文化批判《ひはん》・国民性《こくみんせい》批判に相当《そうとう》する、と言えるだろう。牧口は、それを、特別な治療《ちりょう》が必要となる高等精神病と見なしている。

一方で肯定《こうてい》したことを他方では否定《ひてい》しても平気でいるのは、人格に統一を失うものとして、相手方を驚《おどろ》かせるわけで、取引《とりひき》関係などをなすものにとっては、迷惑千万《めいわくせんばん》といわねばならぬ。統一を条件とする常人に対して、人格分裂《じんかくぶんれつ》の異常人《いじょうじん》となし、狂人《きょうじん》の一種として、警戒《けいかい》をしなければならない。

（「価値判定の標準」）

何をもって半狂人格《はんきょうじんかく》と名づけるか。牧口は、次のように説明する。

半狂人格者は、平常普通の生活においては、少しも狂《くる》ったところがないどころか、かえって気がききすぎて買いかぶられるくらいであるが、少し込み入った面倒《めんどう》なことになると、たちまち馬脚《ばきゃく》をあらわし、とくに、利害の問題になると、意外な狂暴性《きょうぼうせい》を発揮《はっき》して、恥《はじ》も外聞《がいぶん》も顧《かえり》みないところに異常性《いじょうせい》が見えてくる。

自分には直接《ちょくせつ》関係のない第三者的なものについては、ごく普通に判断するが、自分の利害に直接かかわることになると、とたんに変わり、とても過敏《かびん》になる。つまり、一方を過大評価《かだいひょうか》したり、過小評価したりして、正当な判断《はんだん》ができなくなる。判断の基準《きじゅん》が自分の利害であるため、同じことを一方で肯定《こうてい》したかと思うと、他方で否定《ひてい》したりする。だから、半狂人格の人間は、社会では通用しないし、信用されもしない。

牧口は、半狂人格について、次のように論じている。すなわち、利害・善悪・正邪などを判定する、簡単明瞭《かんたんめいりょう》な道理がわからないのは「狂《きょう》」であり、さらに、それをわかっていながら、道理に従えないのは「怯《きょう》」——卑怯《ひきょう》である。

しかも、こうした人間は、公職につき、高位に立つ資格《しかく》のないものである、とまで言っている。なぜなら、この種の人間は、利害も善悪も、すべて好《す》き嫌《きら》いという一時的な気分で判定し、簡単に世渡《よわた》りができると考えるからであり、時には、傍若無人《ぼうじゃくぶじん》のふるまいをするので、酔狂者《すいきょうしゃ》に武器を持たせたようなもので、危険千万《きけんせんばん》だからである。

今日のマスコミや政治家・宗教家のなかにも、この種の人物が意外と多い。歴史を正しくふりかえってみると、いつの時代にも、このような半狂人格者がいかに多かったかがわかるだろう。

とくに、小善に対するときには大して狂いは目立たないが、大善の前に出ると隠《かく》れている狂態《きょうたい》をみずから暴露《ばくろ》するところに、最大の特質《とくしつ》が見いだせる。日蓮大聖人の仏法(妙法)を実践《じっせん》している人に出会うと、それまで隠《かく》れていた狂態《きょうたい》が自然と現れでてしまうのである。

半狂人格者は、外見は紳士《しんし》・淑女《しゅくじょ》であるようでいて、いつも自分の利害しか考えない。自分の名誉《めいよ》、栄達《えいたつ》しか頭にない。国家・社会の将来《しょうらい》のことなど考えてもいなければ、他者のため・民衆のためという心もない。ゆえに、真の大善である妙法に出あうと、悪鬼《あっき》その身に入るという本質が、鏡《かがみ》に映《うつ》し出されるように浮《う》き彫《ぼ》りにされて、わけもなく抵抗《ていこう》したりするのである。

最近では、このような人が増えている。しかも、そのありさまは、尋常《じんじょう》なものではない。なぜなら、悪人というのは、みずからの悪を気づかぬところにその本性《ほんしょう》があり、そこに常人とは異なった点が見いだせるからである。

人間が福徳《ふくとく》を積んでいくには、善の行動をしなければならない。ところが、善とは何か、悪とは何かが、まったくわからなくなってしまっている。善と悪を判別する、確《かく》たる基《き》準《じゅん》はどこにもない。ことによっては、人を殺し合う戦争さえも善であると正当化される。勝っても負けても、相手だけを一方的に悪だと言う。

牧口は、教育が半狂人格者の治療《ちりょう》に成功するなら、馬鹿《ばか》につける薬はないという諺《ことわざ》がなくなるだろう、と言っている。それほど広く深く、日本社会の根っこに横たわる、まことにやっかいな病巣《びょうそう》なのである。

難《なん》を呼び起こす闘いを

法華経《ほけきょう》は、生活法のなかの大善生活法であり、生活力が非常に強大となるところに、成仏法《じようぶつほう》という意義がある、と信じられる。

（「本総会は大善生活の綜合展覧会」）

牧口は、すべてにおいて人間の心が大切であるということを、十二分に知りつくしていた。精神の根本的な立て直《なお》しが不可欠《ふかけつ》であると、声を大にして叫んだのは、そのためであった。社会の混乱を正すには、宗教革命を敢行《かんこう》するしかない。精神革命をなしとげる手立《てだ》ては、それ以外に、見いだせないからである。

牧口が究極《きゆうきよく》の目的としていたのは、日蓮大聖人の仏法が広宣流布《こうせんるふ》して、人びとが南無妙法蓮華経に帰依《きえ》するようになることであった。そのときには、政治・経済・教育・文化、その他すべての物事が、仏法に説かれた人間主義にもとづいてなされ、理想的な国家・社会が建設されることになる。

広宣流布とは、宗教革命・精神革命がなされた社会の姿にほかならない。それは、生活指導の原理《げんり》、民衆救済《みんしゆうきゆうさい》の原理として高められた価値論《かちろん》が、仏法を根本としながら、社会のなかに生かされていくことを意味している。つまり、「法華経」寿量品《じゆりようほん》の肝心《かんじん》（もっとも大事なところ）である三大秘法の南無妙法蓮華経にふれて、あらゆる人びとが、本来《ほんらい》の人間らしさに目覚《めざ》めることである。根本となる宗教が変われば、社会が変わるのである。

いかに古来《こらい》の伝統《でんとう》でも、出所《しゅっしょ》が曖昧《あいまい》であり、実証《じっしょう》の伴《ともな》わない（国家神道《しんとう》などの）観念論《かんねんろん》に従って、貴重《きちょう》なる自他全体の生活を犠牲《ぎせい》にすることは、絶対に戒《いまし》められなければならぬ。

（「宗教改革造作なし」）

太平洋戦争開戦直後の一九四一年（昭和十六年）十二月、真珠湾《しんじゅわん》の奇襲《きしゅう》に酔《よ》いしれ、アジアへの侵略《しんりゃく》に奢《おご》っていたころのことである。牧口常三郎は、日蓮大聖人の仏法の正義を掲《かか》げ、堂々と宗教革命を主張する。

この年に、日蓮正宗は何をしていたか。権力《けんりょく》と闘うどころか、軍部の弾圧《だんあつ》を恐《おそ》れて、日蓮大聖人への師敵対《してきたい》の道を歩《あゆ》んでいた。たとえば、宗務院《しゅうむいん》は、御書全集の刊行《かんこう》を禁止するという、前代未聞《ぜんだいみもん》の通達《つうたつ》を出していた。しかも、当時、僧侶《そうりょ》が使用していた要文集のなかから、「日蓮は一閻浮提第一《いちえんぶだいだいいち》の聖人なり」（御書九七四ジペー）などの、国家神道《しんとう》に抵触《ていしょく》すると判断された字句を、十四カ所にわたって削除《さくじょ》するという、おそるべき悪業《あくごう》を犯《おか》している。

本来《ほんらい》、命を賭《と》しても守らなければならぬ日蓮大聖人のもっとも大事な教義を、いとも簡《かん》単《たん》に変えてしまっていたのである。何と卑劣《ひれつ》・卑怯《ひきょう》なしわざであろうか。これほどの悪事はないのである。

これに対して、牧口は、神道《しんとう》を「出所が曖昧《あいまい》であり、実証の伴《ともな》わない観念論」と断じていた。日蓮大聖人の示された宗教の判断基準（三証＝文証・理証・現証）に照らし合わせてみると、神道は、文証からいえば教義の出所があいまいであり、理証からいえば非科学的であり、現証からいえば何ら結果・実証がともなっていない。このような観念論にすぎない神道に服従し、貴重な自分の生活や、他人の生活を犠牲《ぎせい》にすることがあってはならないと、牧口は、ただひとり、厳然《げんぜん》と叫んでいたのである。

国家権力は、非道《ひどう》にも、この国の将来を深く思って行動していた人物を、迫害して投獄するまでになる。だが、獄中の牧口は、悠然《ゆうぜん》と過《す》ごしていた。

家族にあてた手紙のなかでは、「災難と云っても、大聖人様の九牛《きゅうぎゅう》の一毛《いちもう》（多くの牛の毛のなかの一本、の意）です」と記《しる》している。どんな悪口を言われても、どんな迫害を受けようとも、度重《たびかさ》なる大聖人の命におよぶ大難（松葉《まつば》ケ谷《がやつ》の法難、竜《たつ》の口の法難、佐渡流罪《るざい》など）に比べれば、はるかに小さな難である、というのである。

また、別の手紙には、「大聖人様の佐渡の御苦しみをしのぶと何でもありません。過去の業《ごう》が出て来たのが経文や御書のとおりです」と書いている。この難も、経文に説《と》かれたとおりの難であると、日蓮大聖人の境涯《きょうがい》に近づくことのできるうれしさを、たんたんとつづっている。

牧口は、軍国主義の嵐《あらし》のなかで、あえて、難を呼び起こす闘《たたか》いを、堂々と展開《てんかい》したのであった。これが、大聖人の時代から、時代を超《こ》えて変わらぬ広宣流布《こうせんるふ》の方程式《ほうていしき》なのである。あえて難を呼び起こし、大悪・極悪《ごくあく》と闘い抜くことによって、万年に崩《くず》れぬ広宣流布の基盤をつくっていく。牧口は、「剰《あまつさ》へ広宣流布の時は日本一同に南無妙法蓮華経と唱へん事は大地を的《まと》とするなるべし」（御書一三六〇ジペー）と仰《おお》せられた日蓮大聖人の教えを、身をもって読んでいたのであった。

われわれは、国家を大善に導《みちび》かねばならない。敵前上陸も同じである。

（「本総会は大善生活の綜合展覧会」）

昭和十七年五月に創価教育学会の第四回の総会が開かれた。その折《おり》に、牧口常三郎は、創価教育学会は広宣流布を目指《めざ》す団体である、と明言する。

牧口は、公式の場としては、ここではじめて、広宣流布ということばを使っている。すでに、太平洋戦争の開戦から半年ほど経《た》っていた。日本は、狂気《きょうき》の国家主義に覆《おお》われ、戦争一色の状態であった。創価教育学会は激しい弾圧《だんあつ》を受け、座談会は特高《とっこう》警察の監視《かんし》のもとに開かなければならなかった。牧口は、そうした時節に、仏法を基盤とした平和な社会の建設を目指す、広宣流布を叫んだのであった。

はじめのうち、日本は勝っているように思えたが、その勢《いきお》いも長くつづくわけはなかった。すぐに行き詰《づ》まった。それなのに、軍部権力は、大本営発表と称して、国民にうその情報を流していた。国中が戦勝気分に酔《よ》っていた。

けれども、透徹《とうてつ》した信心と曇《くも》りなき心を体した牧口には、やがて滅《ほろ》びざるをえない日本の将来が、はっきりと見えていた。だから、この総会の際に、わけのわからぬ悪人がはびこるなかで、大善を教えていくのは、敵の目の前に上陸するのと同じである、とみずからの決意のほどを知らしめているのである。

牧口は、毅然《きぜん》と語っている。「同じ正宗信者でも、自分だけがよいという独善主義の従来の信仰者は、個人主義の信仰であります」。従来の信仰者とは、日蓮正宗の僧侶《そうりょ》や法華《ほっけ》講《こう》の旧信徒であった。その姿は、ほんとうの信仰者ではなく、利己主義者にすぎない、というのである。

日蓮正宗も、法華講も、折伏《しやくぶく》精神などかけらもなく、広宣流布を口にするだけで、完全に忘れていた。それゆえ、一切妥協《だきよう》せずに徹底《てってい》して闘ってきた牧口は、悪侶《あくりよ》たちから激しく憎《にく》まれることになる。

しかし、牧口は、声を大にして叫んでいる。「今後ともに家庭を救い社会を救い、そうして、広宣流布にいたるまでの御奉公《ごほうこう》の一端《いったん》もできる、と信ずるのであります」。これが、広宣流布のはじめての公式発言であった。

牧口は、軍部政権に逮捕《たいほ》されるまでの昭和十六年五月から十八年六月の間に、特高警察の監視下《かんしか》で、なんと二四〇回を超《こ》す座談会を開催《かいさい》したのである。座談会は、未入会の人を交《まじ》えた折伏の座談会であることが多かった。実際、帰依《きえ》から逮捕《たいほ》されるまでの間に、約五百人あまりの人たちを日蓮大聖人の仏法に導《みちび》いた、とみずから証言するのである。

おたがいは、この大事な使命を帯《お》びていれば、自分本位《ほんい》でなく、利用するのでなく、いかなる時にも、この選ばれた大善人であることを自覚《じかく》して、精進《しょうじん》せんことを誓《ちか》わねばならぬ、と信じます。

（「本総会は大善生活の綜合展覧会」）

ひとりでも法を聞きたい人がいると聞けば、どこまでも出かけていった。高齢《こうれい》にもかかわらず、九州までも、何度か足を運んでいる。現在の新幹線とちがって、昔の三等車の固い座席《ざせき》に揺《ゆ》られながら、二日がかりで行くのである。

法のため、人のために行動する。それが、牧口自身のいつわりなき生き方であった。

第三節　「一生成仏《いっしょうじょうぶつ》」の方程式《ほうていしき》

師弟不二《していふに》が宗教の魂《たましい》

いやしくも、生を願い、そのうえ、人間の受けるべき最大幸福の生活を望むものは、見なければならず、聞かなければならず、考えなければならず、理解《りかい》しなければならず、信じなければならず、実行しなければならない。それが、人間の理性《りせい》の然《しか》らしめるところである。

（『創価教育法の科学的超宗教的実験証明』）

牧口常三郎は、妙法（日蓮大聖人の仏法）へのゆるぎなき信を確立すると、それまでの真理を探究《たんきゅう》する姿勢《しせい》を改《あらた》め、今度は、一転して、価値創造の観点《かんてん》から、新たな方法原理を提唱《ていしょう》するようになった。生活に関する価値の問題は、学者があれこれと議論するよりも、実際生活における体験でもって証明する以外にないからである。

それは、たとえば、コンピューターを作る立場と使う立場のちがいともいってよい。専門家以外の人は、コンピューターの仕組《しく》みがどうなっているのか、詳《くわ》しく知る必要はない。興味《きょうみ》をもつ人以外は、知ろうともしないだろう。

今日の社会は、コンピューターを抜きにしては考えられないようになった。しかし、使う人すべてが、その仕組みを知らなければならないのか。いや、そんなことはない。使い方さえ知っていれば、それでいい。コンピューターの利用価値を、それ相応《そうおう》に重んじて、自由に使いこなせばよいのである。

牧口は、次のように言っている。

真理が人生に役立つだけの価値があるか否《いな》か、それが多いか少ないかの問題は、体験によって生活のなかで証明するよりほかに、解決の途《みち》はない。ゆえに、真理に対する「信」を確立せしめるためには、種々なる方便《ほうべん》を用いて説明しなければならないが、一度それが確立した以上は、そのとおりに従って自分自身の生活に応用してみればよい。そして、予定どおりの結果が出たならば、もはや無条件に信じてよいではないか。

ことに、宗教の領域《りょういき》においては、そのような価値現象の認識法が、人間の幸不幸を左右《さゆう》するのであるから、幾重《いくえ》にも徹底《てってい》されなければならない。宗教の本質は価値であり、価値は生活体験の証明よりほかに、認識の途はないものだからである。

まず、師とするに足《た》る正しい人の言を信じ、如説《にょせつ》の実行をなし、体験によって価値の有無を証し、無価値なる主観的な観念論《かんねんろん》を捨て、もって、人をも離れて、生活関係の法を信ずるのである。さらに、何ゆえに価値が証明されるかを、経文および道理にただして、いよいよ信仰を確立し、かくて、価値の遠大と近小とを比較《ひかく》・対照《たいしょう》して研究し、ついに無上最高の極意《ごくい》に達し、ここにはじめて、畏《おそ》るるところなき安全への境地に達する。「一信二行三学」という、科学のそれとはまったく異なった研究法が、すなわち、これである。

（『創価教育法の科学的超宗教的実験証明』）

牧口研究の第一人者である斎藤正二博士は、創価教育学についての講演（二〇〇〇年十一月）のなかで、日本ではじめてノーベル賞を受賞した物理学者の湯川秀樹《ゆかわひでき》博士の著作を引きながら、価値というのは自分が考えてわかるものではない、だれかに教わってはじめてわかるものである、と話されている。

「大多数の人間は教えてもらうことによって目的とか価値をつくるんで、ほっといたら価値体系なんか何もつくらんのじゃないか……今から二千数百年前に、大宗教家や偉《えら》い思想家がぼつぼつ現れるでしょう……少数の人が広い意味で価値体系というものの重要性を教える。それによってたくさんの人が教えられ、価値体系がどんどん広がる」（『人間にとって科学とはなにか』中公新書）。

宗教のような究極的《きゅうきょくてき》な価値体系は、大多数の人間にとって、その重要性がわかるものではない。先人たちに教わってはじめて、その重要性がわかるようになる。なぜなら、

「価値体系というものは、生命の進化《しんか》の中で、非常に複雑《ふくざつ》なプロセスをくぐって現れるもの」（同上）だからである。

宗教は、まず師の教えを信じ、言われたとおりの実践《じっせん》をして、結果の有無《うむ》を確認してから、その法への信・不信を決める以外にない。それからのちに、道理と経文に照らして、信仰を確立し、なぜそうなるかを学んでいくべきなのである。

宗教は、師弟不二《していふに》が魂《たましい》である。師弟《してい》を欠《か》いた信仰は、独断《どくだん》と偏見《へんけん》の信仰にすぎないわけである。

理《り》の一念三千《いちねんさんぜん》と事《じ》の一念三千

いかに経文・御書を拝読し暗誦《あんしょう》するにしても、それだけの理解にとどまるなら、いまだ理の一念三千の空想《くうそう》にすぎないことを意味する。

（「大善生活法の実践」）

生活をすることが「事《じ》の一念三千」である、と考えなければならない。

（「法華経の信者と行者と学者及び其研究法」）

宗教は、現実の世界における価値創造の実証こそが重要である。牧口は、このことを、よくよく知っていた。それゆえ、日蓮大聖人の仏法が、まさに、事の一念三千であるということを、強く確信するようになる。

「一念三千」とは、中国の天台大師が創設《そうせつ》した法門で、法華経《ほけきょう》の悟《さと》りを表現したものにほかならない。理とは、一念三千を真理として認める、理解するにとどまる段階であり、事とは、一念三千の法理を事実の生活のうえに現《あらわ》すことをいう。つまり、ただ経文・御書を読んだり、学んだりするだけにとどまるのは、理の一念三千の観念にすぎず、経文・御書のとおりに如説修行《にょせつしゅぎょう》のふるまいをするのが、事の一念三千なのである。

創価学会が飛躍的《ひやくてき》に発展したひとつの大きな要因は、牧口初代会長の時代から、一人ひとりの会員に対して、日蓮大聖人の仏法を生活に即して実践することを指導し、現実社会のなかに偉大な功徳《くどく》の実証を示してきたことにある。だから、牧口は、たとえ相手が嫌《きら》う場合であっても、自他《じた》ともの幸福のためには、言わねばならぬことをどしどし言って折《しゃく》伏《ふく》するのが肝心である、と指導していたのであった。

戦前期の学会では、初代会長であった牧口自身が、罰論《ばちろん》を表《おもて》に折伏を開始する。利益《りやく》と罰は、日常生活に現れるものであり、利益と罰によって、生活のうえから、宗教の正邪を判定することができるからである。それは、社会が大きな岐路《きろ》に直面していた時代であっただけに、少しでも早く、人びとを幸福への軌道《きどう》に導《みちび》くためであったにちがいない。

ところが、それに対して、日蓮正宗の僧侶《そうりよ》のなかから批判《ひはん》の声があがっている。日蓮正宗の僧侶たちは、学会が功徳《くどく》と罰を明確に言い切ることに、反対したのであった。

実は、ここに日蓮正宗と創価学会との決定的なちがいがあった。僧侶たちは、日常生活とは離れた、理の信仰にとどまっていた。自分自身のための、僧としての立場が保証されればよいとする形式だけのものであり、他の人を幸福に導くという宗教本来《ほんらい》の化他《けた》の精神は、とっくに無くなっていたのである。

日蓮正宗にとって、広宣流布というのは、もはや、ことばのうえでの絵空事《えそらごと》であった。軍部からの弾圧《だんあつ》を恐れるあまり、民衆の幸福のことなど、眼中になかった。宗教団体として認められなければ、解散させられ、僧侶の立場はなくなって、収入の道を閉ざされてしまうからである。

そのなかで、牧口常三郎が拡大した創価教育学会だけは、正しい信仰の道へ民衆を導きながら、日蓮大聖人の仏法を、教えのままに行じていた。大善生活という「事《じ》の信仰」を弘《ひろ》めるために、折伏の活動を積極的に展開したのである。

学会と日蓮正宗とのちがいは、明白であった。日蓮大聖人の仰《おお》せにかなっているかどうか。本物とにせものの差は、ますます、はっきりすることになる。

軍部権力が太平洋戦争に突入したころ、日蓮正宗の側は、牧口・戸田を妬《ねた》み、嫌《きら》い、怨《おん》嫉《しっ》しきっていた。また、権力からにらまれることを恐れ、学会の正義の活動を抑《おさ》えようと謀《はか》っていたのである。

こうした危機《きき》的《てき》状況に対応して、牧口は、一九四二年（昭和十七年）五月、創価教育学会の機関紙『価値創造』の最終第九号のなかに、「法罰論」を掲載《けいさい》する。これは、その五年前に発表された、『創価教育法の科学的超《ちょう》宗教的実験証明』の第七章第三節の「法罰観」と、ほとんど同じ内容であった。新たな文章を作成するのがきびしい状態にあった、と考えられる。

その論文の要点は、罰も利益も信じない観念的な理の信仰ではいけない、現実の生活と一体の「事の信仰」でなければ、仏法の生命はない、ということであった。

日蓮大聖人の教えのままに正法・正義にのっとった、創価の誉《ほま》れと深義は、まさしく、この一点に集約されるわけである。

謗法《ほうぼう》とは、単に不信者ばかりではない……純真に大善生活を行じているものを怨嫉《おんしつ》するのは、「法華経《ほけきよう》を信ずれども信ずる功徳《くどく》なし、かへりて罰《ばつ》をかほる」ことになるのである。

（「法罰論」）

牧口は、「法罰論」の末尾《まつび》に、『日女御前《にちにょごぜん》御返事』の御文（御書一二四七ジペー）を拝して、新たな一節を付け加えている。

軍部からの弾圧が強化された、逆風《ぎやくふう》のさなかのことであった。もともと、機関紙『価値創造』の最終号に掲載《けいさい》されたものとは、おそらく、別の原稿《げんこう》が用意されていたのであろう。

しかし、当局は、それを許さなかった。それでやむなく、以前発表した文章を、あえて再掲載したようである。そこで、牧口は、当局に気づかれないように、最後尾《さいこうび》に『御書』

の一節を引用しながら、この文章を書き加えている。その意味から、これは、まさに、牧口の「遺言《ゆいごん》」とも受けとれるものであった。

日蓮正宗は、罰論を忘れていた。実生活とは関係ない観念論《かんねんろん》や儀式《ぎしき》のみの宗教に成り下がっていた。しかし、仏法は、観念ではなく、現実生活を生き抜くための法にほかならない。

それが、牧口の最後の叫びであった。権力に忠順《ちゅうじゅん》でなく、日蓮大聖人に信順。願っていたのは広宣流布、全世界の平和である。これが、牧口の大精神であった。罰論に対する日蓮正宗の愚《おろ》かな批判《ひはん》を、一笑《いっしょう》に付《ふ》している。法罰は明白である、と主張するのである。

牧口は、次のように言っている。

法華経を信じて行じているものを誹謗《ひぼう》すると、たちまち現証があらわれることが手近《てぢか》に実験され、それが明らかに経文に予定されているから、驚《おどろ》かざるをえないだろう。誹謗それ自体が、頭破作七分《ずはさしちぶん》の現象である。

日蓮大聖人は、三大秘法の大御本尊をあらわされた際に、向かって右肩には「若悩乱《にゃくのうらん》者頭破作七分《しゃずはさしちぶん》」、また、左肩には「有供養者福過十号《うくようしゃふくかじゅうごう》」、としたためられている。牧口は、この事実に即して、日蓮正宗の謗法《ほうぼう》をあばきだしているのである。

牧口は、国家権力に逮捕《たいほ》される直前の昭和十八年の六月、総本山大石寺から呼び出しを受けている。それは、神札《かみふだ》を受けるように、との話であった。しかし、牧口は、それを断固《だんこ》としてことわっている。

その帰路《きろ》、牧口は、次のように戸田に述懐《じゅっかい》する。「一宗が滅《ほろ》びることではない、一国が滅びることを、嘆くのである。宗祖聖人のお悲しみを、恐れるのである」。そのことばどおりに、日本は亡国と化してしまったわけである。

日蓮大聖人の仏法を大善生活法として蘇生《そせい》させたのは、まさしく、創価学会なのである。すべてが狂っていた時代に、大難をものともせずに立ち上がったのは、だれであったか。この歴史の峻厳《しゅんげん》なる事実を、よくよく銘記《めいき》して行動することが不可欠《ふかけつ》なのである。

「信行学《しんぎょうがく》」が一切《いっさい》の基本

いかなる場合でも、信は生活力の増大であり、不信は生活力の減退《げんたい》であり、疑惑《ぎわく》はその停滞《ていたい》である。

（『創価教育学体系梗概』）

牧口は、『創価教育学体系梗概《こうがい》』（一九三五年春ごろ）の「結語＝法華経と創価教育」のなかで、法華経に説かれた道理が、科学・技術や一切の生活上の根本をなす、究極的《きゆうきよくてき》な因果の法則であるということを、いっそう明確に主張するようになる。牧口は、心が歪《わい》曲《きよく》しておらず、認識と評価とを立て分けて、ありのままの事実をまっすぐ見つめられる純真な者であればだれでも、日蓮大聖人が経文どおりに証明されたように、一切経の肝心は法華経であることを理解・把握《はあく》するのは、大してむずかしいことではない、と述べているのである。

しかも、牧口は、根本の法に対する「信の確立」が何事においても必須不可欠《ひつすふかけつ》であることを、いやまして強調する。

要するに、人生は信のうえに立つ、といってよい。この基礎《きそ》がぐらつくならば、不安このうえもないものとなる。されば、われらの運命としての課題は、信ずるか信じないかの問題ではなくて、何を信ずべきかである。信不信の問題は、生を否定《ひてい》し、幸福を願わないかぎり、もはや、考える余地さえも与えられてはいないのである。……さて、何を信ずるかは、いかにして信ずるかという取捨選択《しゅしゃせんたく》の標準が立たなければ、迷信におちいり、邪信にとらわれて、正信を嫌《きら》うことになる。

(『創価教育学体系梗概』)

すべての思索・行動が「信」から出発しなければ、社会は本来の姿を取り戻すことができない。人間のほんとうの力は出ない。したがって、問題は、何を信ずるか、いかに信ずるかなのである。

さらに、牧口は、『創価教育法の科学的超宗教的実験証明』のなかで、日蓮大聖人の仏法(妙法)がすべての人にあてはまる普遍的《ふへんてき》な生活法であることを、価値科学(人間によってなされる価値創造の活動を対象とする科学)の観点から論じている。そして、自分の体験や他人の変わっていく姿をふまえながら、妙法が真に宇宙《うちゅう》の大真理であることを、心中深く確信するようになった。それゆえ、妙法を、正邪・善悪を超越《ちょうえつ》し、既成《きせい》の宗教観念では理解できぬものとして、いわば「超宗教」と位置づけているのである。

ふりかえると、仏法に出あうまでの牧口の人生行路《こうろ》は、全人類にあてはまる法則を、ひたむきに求めていく過程《かてい》であった。そして、妙法との出あいによって、絶対的な真理、大《だい》宇宙《うちゅう》の根本法則への確信を得ることになる。法華経は、天地の森羅万象《しんらばんしょう》をつつみこむ宇宙の真理なのであり、人間の行動をつかさどる根本の大法なのである。

大善生活をした人を信じて行をすれば、その価値がわかり、信が起こるのである。信・行・学は部分的に解釈してはならない。大聖人は、「行学絶《ぎょうがくた》へなば仏法はあるべからず。我もいたし人をも教化候《きょうけ》へ、行学は信心より起《おこ》るべく候。云々」と仰せられているゆえに、われわれは大善生活をしなければならない。そのためには、大・中・小と上から見おろして大善生活をしなければ、国家・社会が繁昌《はんじょう》しないし、個人も家庭も幸福ではありえない、と主唱するものである。

（「法華経の信者と行者と学者及び其研究法」）

牧口は、しきりに、智《ち》よりは、「信」でゆけ、目的も方法も「信」でゆけ、と叫んでいる。価値論はわかっただけではだめだ、使ってみなければならない。「論より証拠《しょうこ》」という諺《ことわざ》が、それである。百聞《ひゃくぶん》は一見《いっけん》にしかず、百見は一行《いっこう》にしかず。そして、結局は、信じて行《ぎょう》じてみなければ、わかりようがないではないか、と主張する。

　無上最大の価値創造、すなわち、大善生活の具体的な実践《じっせん》のしかたとは、何か。それは、大善生活をした人を信じて、そのとおり実践すればよい。そうすれば、仏法の偉大さがわかり、信ずる心が起こる。信ずる心が強くなれば、さらに活発な実践ができて、説かれた法門や教義が知りたくなる。実践と学問が進むと、さらに、信は強くなる。ゆえに、信・行・学は、別々に考えてはならない。この大善生活のうえから、そのほかの生活を判断していかなければ、社会の繁栄はありえないし、個人の幸福もありえない。

　さらに、牧口は、信と行との一体不二《ふに》なる関係について述べながら、自己自身の如説修《にょせつしゅ》行《ぎょう》の境地を、次のように表現する。

　行をしなければ法の「信」は絶対に起こらない。ところが、行をするには、いかにわずかなことでも、命をかけねばならなくなる。それゆえ、危険がともなうものであるから、滅多《めった》にできないと考えるのが人情である。そこで、この不可能という難関《なんかん》を突破するに、二つの方法がある。その第一は、初めから命がけでやるという方法。第二の方法は、他人の生活を見て、人ができる以上は自分にもできないことはないと、人の言を信じておこなうことである。

そして、まず、牧口自身が、命をかけて、不可能という難関を突破し、道を切り開いていったのである。

信ずるだけでもお願いをすればご利益《りやく》はあるに相違ないが、ただそれだけでは、菩薩《ぼさつ》行《ぎょう》にはならない。自分ばかりご利益《りやく》を得て、他人に施《ほどこ》さぬような、個人主義の仏はないはずである。菩薩行をしなければ、仏にはなれぬのである。すなわち、親心になって他人に施《ほどこ》すのが真の信者であり、かつ、行者《ぎょうじゃ》である。

(「法華経の信者と行者と学者及び其研究法」)

ある青年が、牧口に、次のような質問をしたことがあったそうである。高い次元の善悪とは何か。善とは何か、悪とは何か。まだ信心していなかった青年にとって、それは、とても大きな問題であった。

それに対して、牧口は、きびしい表情でこう答えたという。それは、観念《かんねん》ではわからない。実行するしかない。今の社会思想、道徳論《どうとくろん》、倫理観《りんりかん》などでは解明できない。大物《おおもの》宗教家でさえ、あいまいである。彼らは葬式屋《そうしきや》だから、判別《はんべつ》の道さえ、わかっていないのだ。それでは、どうすればよいのか。世界的な宗教を命がけで修行《しゅぎょう》する、その努力と勇気があれば、わかるようになる。若者は決意と実行だ。やればできる。命がけで実践してみればわかる。

それが、牧口の結論であった。だから、善悪の分別が明快だったわけである。

善と悪、仏と魔《ま》は、常に一緒《いっしょ》に現れる。日蓮大聖人の仏法は、悪を悪と見破り、魔を魔と見破って、勝利するための法である。そして、魔を魔と見破るには、命がけの信心しかないのである。

牧口は、その青年に対して、勇猛精進《ゆうみょうしょうじん》したまえ、実行だよ、精進だよ、老人にはなったが、私も実践しています、とはげましたそうである。

また、牧口は、戦時中に開催《かいさい》された「創価教育学会第五回総会」(一九四二年十一月)の席上において、「法華経《ほけきよう》の信者と行者《ぎようじや》と学者及び其研究法」と題する講演をおこなった。信じているだけの信者ではいけない。学んでいるだけの学者でもいけない。実際生活のうえで実践していく行者とならなければ、決して、仏法の真髄《しんずい》はわからない。したがって、創価教育学会員こそが、真に行ずる者であり、ほんとうの仏法者である、と宣言する。

牧口は、総会で発表された種々の体験談に感激し、砂の中から金を拾《ひろ》ったようなものであり、尊《とうと》い珠玉《しゆぎよく》でないものはない、と称賛《しようさん》する。なぜかと言えば、それらは、すべて、命がけで体験した話であったからである。

菩薩行《ぼさつぎよう》を実践してこそ、ほんとうの信心がわかる。行があってこそ、信心の深き意義と無量の功徳《くどく》を体得《たいとく》できる。ゆえに、牧口は、次のように言っているのである。

いかなる生活法でも生活しないものにはわからないように、大善生活法は菩薩行をしない小善・中善の生活者にはわからないはずである。行をしなければ、ほんとうの信心は起こりえないことが、わかるであろう。

牧口は、再三再四、信者と行者を明確に区別しなければならないと主張し、学者の中途半端《ちゆうとはんぱ》さを指摘《してき》した。経済学者が必ずしも金持ちでないように、法華経の「学者」必ずしも幸福ではない、というふうに批難《ひなん》するのである。

しかも、牧口は、菩薩《ぼさつ》行《ぎょう》を実践《じっせん》しない日蓮正宗の僧侶《そうりょ》をきびしく戒《いまし》めていたのである。自分の生活のために金を取ってやろうとするのは、菩薩行どころか、信者の利用であり、魔行でしかないからであった。

自分の生活のために金をとってやろうというのは、行者でなくて、破行者《はぎょうじゃ》・非《ひ》行者であり、悪魔《あくま》である。

（「法華経の信者と行者と学者及び其研究法」）

日蓮正宗の僧侶や法華講の旧信徒が、いつ菩薩行をしたのか。人びとを救うために、自分の命を捧《ささ》げたか。慈悲《じひ》を体して、民衆に正法を伝えていったのか。何もしてはいないではないか、と牧口は迫っている。

牧口は、学問と生活の一体化を目指したのと同様に、信仰と生活の一体化のために、大善生活の実験証明運動を展開するようになった。軍部の弾圧《だんあつ》にもかかわらず、日蓮大聖人の教えのまま自行化他《じぎょうけた》の活動を推《お》し進めていた。一九四二年五月に開かれた「第四回総会」においても、感謝の気持ちをこめて、このような体験談の発表は、まったく命がけの結果であり、ダイヤモンドのようなものであり、砂の中から僅少《きんしょう》なる金粒を集めたようなものである、と述べている。

ところが、牧口は、軍国主義の国家権力のみならず、日蓮正宗からも弾圧されている。日蓮正宗は、正しき行者を、守護《しゅご》するどころか、葬《ほうむ》り去ろうとしたのである。

魔《ま》との闘いに勝利せよ

自分の一個のために信仰している小善生活の人には、決して魔《ま》は起こらない。これに反して、菩薩行《ぼさつぎょう》という大善生活をやれば、必ず魔が起こる。起こることをもって、行者《ぎょうじゃ》と知るべきである。

(「法華経の信者と行者と学者及び其研究法」)

人のため、法のために行動すれば、必ず三障四魔《さんしょうしま》（仏道修行を妨《さまた》げる三種の障害と衆生の心を悩ませる四つのはたらき）が競《きそ》い起こる。ゆえに、魔が起こるか起こらないかで、自行《じぎょう》化他《けた》の如説修行《にょせつしゅぎょう》であるかどうかの区別ができる、と牧口は言っている。

牧口が拝読《はいどく》していた御書（『日蓮聖人御遺文』）には、「大願《たいがん》を立てん」（御書二三二ジペー）との一節に、二重の傍線が引かれていたようである。もちろん、大願とは、法華弘通《ほっけぐつう》・広宣《こうせん》流布《るふ》のことにほかならない。それは、全世界の民衆を根底から救済することなのである。

そして、法華経に信者と行者と学者があるとすれば、必ずや、行者でなければならない。自分自身が汗《あせ》を流して、広宣流布の地盤を耕《たがや》し、仏の勢力を拡大した分だけ、三世永遠の宝が積まれていく。牧口は、そうした仏法の因果を、深く体得していたのであった。

先に述べた創価教育学会第五回総会の講演のなかで、牧口は、「魔競《まきそ》はずは正法と知るべからず」（御書一〇八七ジペー）、「天台宗の人人の中にも法華経を信ずるやうにて人を爾前《にぜん》へやるは悪道に人をつかはす獄卒《ごくそつ》なり」（御書一〇八八ジペー）という日蓮大聖人のご金言を引いて、みずから進んで魔のはたらきを退治してこそ、真正の行者であり、その行者の実践のなかに、無上最大の幸福と広宣流布があるということを、強く激《はげ》しく訴える。牧口は、常々《つねづね》、御書に照らし、経文に照らして、正邪・善悪を判断していたのである。

牧口は、不動《ふどう》の決意を固め、毅然《きぜん》として立っていた。小善・中善の謗法者のなかに敵前上陸をなし、大悪を敵として敢然《かんぜん》と闘《たたか》っていくのであれば、三障四魔《さんしょうしま》が紛然《ふんぜん》として競い起こるのが当然であり、起こるがゆえに行者と言われるわけである。

さらに、牧口は、それまであたりまえのようになっていた、寺中心の信仰のあやまちを、明確に喝破《かっぱ》する。行事のときに寺へ出かけて拝《おが》むだけでは、仏道修行にはならない。従来の日蓮正宗の信者のなかに、三障四魔と闘っている人がいるかどうかを問わねばならぬ。日蓮正宗のどこに、三障四魔が競い起こっているのか。三障四魔が起きないような宗教は、日蓮大聖人の仏法ではない。だから、牧口は、魔が起こらないで、人を指導しているのは「悪道に人を連れていく獄卒《ごくそつ》」でないか、と叫んだのであった。

仏の使いの格好《かっこう》をしているが、彼らは、実は、地獄の使いであり獄卒《ごくそつ》である。そして、獄卒に盲従《もうじゅう》する信者ほど、愚《おろ》かなものはないのである。

大事には小瑞《しょうずい》なし、大悪をこれば大善きたる、すでに大謗法《ほうぼう》・国にあり大正法《しょうほう》必ずひろまるべし、各各なにをかなげかせ給うべき。

（御書全集一三〇〇ジペー）

日蓮大聖人は、大悪の出現が大善の前兆《ぜんちょう》である、と仰《おお》せられている。なかんずく、末法濁悪《じょくあく》の何よりの証明は、歴史上に前例を見いだせないような半狂人格者《はんきょうじんかく》の出現にほかならない。正しい信心に目覚《めざ》めた人びとが連帯すると、仏法で言うところの僭聖増上慢《せんしょうぞうじょうまん》があらわれる。それなのに、「何ゆえに嘆《なげ》くのか」、まことに喜ばしいことではないか、と大聖人は説かれている。

これについて、池田名誉会長は、「牧口先生は、よく、『大悪をこれば大善きたる……何を嘆くことがあろうか』との御文を拝された。そして、『どんな時でも、どんな場合でも、それをバネとして、必ずや大きく転換していくのである』、と叱咤《しった》された。ここに、無限の希望の仏法があります。そして、ここに、何ものにも負けない『創価の心』があります。ゆえに、何があっても乗《の》り越え、勝ち越え、前へ、また前へ、末法万年への『広宣流布』の朗《ほが》らかな大行進なのであります」（「中部婦人部へのメッセージ」）と述べている。つまり、牧口のような人物こそが、正義を体した真正の行者なのである。

牧口は、迫害を受けることを忘れた日蓮正宗の体質を、堂々と破折《はしゃく》した。日蓮大聖人ので、ご聖訓《せいくん》に照《て》らし、御書のとおりに実践している学会員を批判した僧侶・旧信徒は大謗法《ほうぼう》である、と手きびしく弾劾《だんがい》する。

牧口は、「道理証文よりも現証にはすぎず」（御書一四六八ジペー）とのご金言にもとづいて、口先ばかりで現証を軽視し、観念論にふけっていた僧侶たちを、激《はげ》しく追及するのである。そして、創価教育学会は大聖人の仏法の行者であるが、日蓮正宗は大聖人の仏法の信者にすぎないと、確信をもって広宣流布へつきすすんでいたのであった。

その結果、牧口は、経文のとおりに、当の日蓮正宗からも迫害を受け、この講演の半年後の一九四三年（昭和十八年）七月、戸田とともに入獄《にゅうごく》し、正法の行者の生き方を、事実のうえで証明することになる。したがって、日蓮大聖人に連《つら》なる、この殉難《じゅんなん》の歴史こそ、仏意《ぶつい》仏勅《ぶっちょく》をつらぬく創価学会の誉《ほま》れなのである。

法華経の法は、宇宙根本の大法でありまして、過去・現在・未来の三世を通じて絶対不変、万古不易《ばんこふえき》の大法であります。

その時代時代によって、改正されたり、廃止されたりする、法律諸制度とは違うのでありまして、終世《しゅうせい》変わらざるところの人類行動の規範《きはん》を、示されているのであります。

ゆえに、この大法にそむくことは、人類として、はたまた、国家としても、許されないことで、反すれば、ただちに、法罰を受けるのであります。

（「創価教育学会々長牧口常三郎に対する訊問調書抜萃」）

牧口常三郎は、獄中での特高警察の取り調べに対して、このように答えている。

戦時中、難を恐れ、保身を願い、軍部の命に従って神札《かみふだ》を受けた日蓮正宗。一方、牧口は、敢然《かんぜん》とそれを拒《こば》み、日蓮大聖人の正義を守ったがゆえに憎《にく》まれて、総本山大石寺の参詣を禁止されることになった。僧侶たちから、無関係と言わんばかりの、不条理《ふじょうり》な仕打ちを受けている。そして、投獄《とうごく》されても屈《くっ》しなかったために、名誉の獄死《ごくし》をとげたのである。

その結末《けつまつ》は、どうであったか。学会を切《き》り捨《す》てた日蓮正宗は、難を逃《のが》れ、弾圧を免《まぬか》れたけれども、終戦直前に、大石寺は火災に見舞われ、神札容認の法主《ほっす》は焼死《しょうし》する。戦後は、信心のうえからも、財政的にも、実質的には滅亡《めつぼう》の姿になっていた。

法華経は、変毒《へんどく》為薬《いやく》、即身成仏の教えである、と牧口は言っている。信心があれば、大悪をも大善に変えられる。嘆《なげ》くべき不幸も、必ずや、それまで以上の大きな幸福に変えていけるのである。これが、日蓮大聖人の仏法であり、変毒為薬、即身成仏、一生成仏の教えである、と指導する。

仏法を持った価値創造の人生が、どれほど尊《とうと》く、いかに強いか。牧口は、後世《こうせい》の人びとのためにも、みずからの行動をとおして、このことを厳然《げんぜん》と示している。アジアの民衆に計《はか》り知《し》れない苦しみを与えた、日本の軍国主義とも真っ向から闘《たたか》っていたのである。

狂《くる》った権力の暴走に一国がこぞって押し流されていたときに、牧口は、巌《いわお》のごとく揺《ゆ》るぎなく立っていた。そして、いかなる弾圧にも屈することなく、悪を責《せ》めつづけている。生命の尊厳《そんげん》・世界の平和・人道の連帯への信念を、不撓不屈《ふとうふくつ》の精神で、つらぬき通したのであった。牧口は、軍部権力が精神的支柱としていた国家神道の根を断ち切っているのである。

補説2 「真理の認識」と「価値の創造」

牧口常三郎の価値論は、南無妙法蓮華経の即身成仏法（一生成仏法）を、現代的に咀嚼《そしゃく》・敷衍《ふえん》したものにほかならない。そこには、末法万年にわたるすべての民衆を救済しゆく、人間主義の理念と実践のあり方が、現実の生活に即して明かされているのである。

人びとが、末法濁悪《まっぽうじょくあく》の世の中で、無上最高の大善生活＝絶対的な幸福生活を勝ち取るためには、どのようなことが必要とされるのか。牧口は、このことを、みずからの「命がけの体験」に照《て》らし合わせ、「科学的な考察《こうさつ》」をふまえたうえで、具体的に論じている。

創価思想は、誠心誠意《せいしんせいい》の教育者・思想家であった牧口が、仏法と出あい、仏法に説かれた慈悲の心をもとに、獅子奮迅《ししふんじん》の革命家へと飛翔《ひしょう》することによってもたらされたものである。その具体的なかたちは、いわば「ユマニテ」（人道主義）の旗《はた》のもとに集《つど》い合って「全人類的な価値」を創造するという、善なる行動のなかに見いだすことができるだろう。自分も社会もともに栄《さか》えて、平和な世の中を建設する。その点にこそ、創価の真骨頂《しんこっちょう》があらわれるわけである。

内潜創造《ないせんそうぞう》と外顕創造《がいけんそうぞう》

牧口常三郎の価値論を読み解《と》くための、もっとも重要なポイントは何か。それは、やはり、「真理《しんり》の認識《にんしき》」と「価値の創造」という一対の概念《がいねん》にあるだろう。創価教育思想、なかんずく創価思想の根幹は、「真理の認識」と「価値の創造」の一体不二《ふに》なるはたらきに、集約されているのである。

牧口は、このことを、『創価教育学大系概論』（一九二九年ごろ）のなかで、以下のように述べている。

知識の構成と価値の生産とは教育の二大目的で、しかも、前者は後者の手段として存在するも、さらに、幸福生活なる究極理想に、右の二大目的は集約《しゅうやく》されることになる。

知識の構成のために、直観的学習指導が、従来の教授法に代わって高唱《こうしょう》されねばならぬし、その指導は、科学の発見・発明の過程を踏《ふ》ましめることが必要である。価値生産のためには、応用科学（の考察）が、自然現象と社会現象とに加えられねばならぬ。

かくして、私は、教育の目的を、左のごとく表現するをもって、妥《だ》当《とう》なものと信ずる。

一、真理の認識	直観的認識	実在	幸福生活
	理解的認識	意味	
	評価的認識	価値	

一、価値の創造

- 利的経済的価値創造
- 善的道徳的価値創造
- 美的芸術的価値創造

> 真理の認識と価値の創造といっても、価値の創造をもって外顕創造《がいけんそうぞう》とすれば、これに対して、観念や概念や法則などの内心における構造作用は、内潜創造《ないせんそうぞう》といっても差支《さしつか》えないだろう。（『創価教育学大系概論』）

教育には、二つの大目的がある。それが、「真理の認識」と「価値の創造」なのである。しかも、これら両者が、人生の幸福を勝ち取るための基礎となる。

「真理の認識」とは、知識を学んで興味をふくらませ、真実を見きわめる力を養《やしな》うということ。また、「価値の創造」とは、よりよい生活をおくるため、社会のなかに美・利・善の要素を拡大・浸透《しんとう》させることである。

牧口は、前者のはたらきを「内潜創造《ないせんそうぞう》」、後者のそれを「外顕創造《がいけんそうぞう》」というふうに表現する。人間には、真理を求める内なるながれと、価値を生み出す外へのながれがある。そして創価思想は、これら二つのながれが、あたかも車の両輪のごときものである、とするのである。

絶対的な真理と相対的な真理

価値論は、「教育の目的たる幸福の内容として」構想されていた。このために、その表現のしかたには、避《さ》けることのできない何らかの制約《せいやく》が加えられていたのではないか、と思われるふしがある。

価値論が、幸福生活のための学習指導原理として体系化される場合には、どうしても、「価値の創造」が前面に押し出され、「真理の認識」が陰《かげ》にかくれてしまうようになる。真理がわからないと幸福になれないというのであれば、学習の進まない子どもたちは不幸なままになるからだ。そのうえ、さらに、人材育成に関する普遍的方法を探究するという、創価教育学のねらい自体が、まさに、「価値の創造」を志向していたからである。

かくして、価値論が『創価教育学体系・第二巻』（一九三一年）として結実《けつじつ》する際には、

「真理と価値とはまったく別異のもの」だということが、強調されるようになる。そして、教育の目指すところを、「真善美」から「利善美」へ改めよ、との大事な主張がなされていく。しかも、人格価値についての考察が、独立した章として設《もう》けられることになった。それゆえ、表面的には、学習指導の過程（認識・評価・創価）が、あたかも、「価値の創造」（幸福生活）の領域《りょういき》に限定されているかのように、見受けられてしまうわけである。

しかし、真実は、決して、そうではなかった。「真理の認識」に対する問題関心は、この間にも、よりいっそう深められていたのである。

牧口は、日蓮大聖人の仏法への確信が強まるにつれて、比較的早い時期から、この世には二種類の真理があるということを、はっきりと知悉《ちしつ》するようになっていた。『創価教育学体系・第二巻』では、いち早く、とりあえず「真理は不変。価値は変わる」としながらも、さらに一歩立ち入って、「価値に関する真理は可変《かへん》で、実在に関する真理のみが不変のように見える」と論じている。そして、結局は、真理のなかにも、価値に関係している相対的な真理と、価値には関係しない絶対的な真理があるということを、判然《はんぜん》と表明する。

このことは、『創価教育学体系梗概』（一九三五年春ごろ）のなかでは、次のように示唆《しさ》されているのである。

「南無妙法蓮華経」と創価教育学の合法的教育法とが、われわれの生活において、総別《そうべつ》の関係、本末《ほんまつ》の関係、全体と部分の関係において、不二一体であることが首肯《しゅこう》されるならば、その他のいかなる生活でも、それに照らされて、正しい親切を原理とする合理的生活法であるかぎり、やはり、同様であると信じて差支《さしつか》えあるまい。(『創価教育学体系梗概』)

教育は、とりもなおさず、「価値の創造」の範疇《はんちゅう》に収《おさ》まるものであるということ。そして、創価教育学によって得られた真理は、あくまでも、相対的な真理としてとらえられている。それは、人間の生活を対象とするのだから、状況に応じて変化する、相対的なものにすぎないわけである。

そこで、人間の価値創造の営《いとな》みは、仏法の真髄《しんずい》である、南無妙法蓮華経という絶対的な真理にのっとってなされることが必要になる。そうしなければ、すべての物事は水泡《すいほう》に帰《き》してしまいかねないからである。だから、価値の領域においていかなる法則を打ち立てようと、それらは、必ず、根本の法に照らし合わせて吟味《ぎんみ》されなければならないことになる。牧口常三郎は、大宇宙の因果の法則たる妙法への「信の確立」が得られると、今度は、絶対的な真理にもとづいて、創価教育学の科学的建設にますます精進《しょうじん》するようになった。その成果が、『創価教育法の科学的超宗教的実験証明』（一九三七年）なのである。しかも、評価標準自体が、「日《ひ》出でぬれば星かくれ、巧《こう》を見て拙《せつ》を知る」との新たな原理に依拠《いきょ》しながら、時をおって改編されていくことになる。

かくして、価値論は、必然的に、大善生活のための生活指導原理へ昇華《しょうか》されるようになった。つまり、認識から評価へ、評価から創価へのプロセスは、それ以降、「生命に対する最大価値の目的、この目的に達する最大価値の生活方法を確立する指導法」として、提示されていくのである。

不変真如《ふへんしんにょ》の理《り》と随縁真如《ずいえんしんにょ》の智《ち》

牧口常三郎の価値論は、南無妙法蓮華経という絶対的な真理を体《たい》している、と言わねばならないはずである。それは、根源の法に依拠《いきょ》して、生活と学問、生きると学ぶを、一体不二なるものと見なしている。しかも、それらは、事法と理法に対応しているわけである。

理法とは、理の一念三千のことを指《さ》している。これは、不変真如の理を求める、「真理の認識」に相当する。また、事法とは、事の一念三千のことである。そして、これは、随縁真如の智を縦横《じゅうおう》無尽《むじん》にはたらかす、「価値の創造」を意味しているのである。

もとより、宗教なき教育、信仰なき学問は、何のためとの問いを忘れて、いつどこで暴走するかわからない。そして、また、教育なき宗教、学問なき信仰は、いつのまにやら、多くの民衆をたぶらかし、人びとを奴隷《どれい》と化《か》して、狂信・盲信を強要しはじめるものである。

「真理の認識」と「価値の創造」——それが、人類普遍の原理にほかならない。これこそ、牧口常三郎が命がけで証明した、まさに、永遠《えいえん》不滅《ふめつ》の哲理なのである。

第三章　「創価革命《かくめい》」に生きる

第一節　正義の人材《じんざい》を育成《いくせい》する

出藍的《しゅつらんてき》教育法

諸君は、真に「砂中《さちゅう》の金」であり、金は金でも、はじめからの金ではなかった。光ってはいなかった、泥まみれの石であった、人も自分も、そう思っていたのである。それが、一度見いだされてみると、立《りっ》派《ぱ》な金として光っていられるとは、他人も本人もともに、そう思うであろう。「泥中《でいちゅう》の蓮《はす》」とはこれで、「妙法蓮華経《みょうほうれんげきょう》」と言うことのあるゆえんである。（「大善生活法の実践」）

歴史をふりかえってみると、偉大《いだい》な文明であっても、やがては必ず、衰退《すいたい》の道をたどっている。どんなに隆盛《りゅうせい》を誇《ほこ》った国家であれ、また、どれほど繁栄《はんえい》した社会であれ、その興亡《こうぼう》の過程《かてい》は、人材育成のあり方いかんによって大きく左右《さゆう》されてきた。そして、このことは、いかなる組織、どのような団体においても、同じようにあてはまるはずである。

すべては、人間の生き方しだいで決まる。一切は、人材によって決まってしまう。それゆえ、牧口常三郎は、人数ではない、少数でも真実の同志を見いだしていく以外にない、と述べている。人材を見いだし、大きく育てることは、砂の中から金を探《さが》すようなものだ、と言っていた。そして、学会の同志を、金やダイヤモンドに譬《たと》えながら、讃《たた》えている。法は人によって弘《ひろ》められ、人は法に即して栄《さか》えていくからである。

牧口は、広宣流布《こうせんるふ》への闘《たたか》いが進むにつれて、本物の人材を育てることに、いっそう情熱を燃やしている。ただ単に、漠然《ばくぜん》とした行動を繰《く》り返すだけでは、本格派《ほんかくは》の人間が育つはずはない。明確《めいかく》な目的を意識《いしき》して、強く信じ、深く祈《いの》り、積極的《せっきょくてき》なはげましの活動を展《てん》開《かい》する。それが、牧口の闘いだったのである。

もしも、教師が模範《もはん》とならなければならないということが、教育の本質であるとするならば、それは、教材としてではなく、教育の方法上でなくてはならない。教育完成の結果の模範をみずから示すのではなくて、完成を目標として精進《しょうじん》する過程《かてい》を示す模範でなければならない。おのれのように偉《えら》くなれというような傲慢《ごうまん》な態度《たいど》を示して、子《し》弟《てい》を率《ひき》いるのではなくして、私のようなものに満足《まんぞく》してはならない、さらに偉大なる人物を目標として進まねばならない、という謙遜《けんそん》した態度で子弟《してい》を導《みちび》き、そのためには、私とともに、私が進んでいるのと同じようにして進めと、奨励《しょうれい》することこそ、教師として、しなければならない正当の途《みち》である。

（『創価教育学体系・第四巻』）

牧口常三郎が、価値論を展開する際《さい》に、もっとも心をくだいたことは、何か。それは、いかにして社会に貢献《こうけん》できる人材を育成するかということであった。なぜかと言えば、人材こそが国家・社会の根底であるからだ。

「価値論」は、もともと、人材育成の原理《げんり》として著《あらわ》されている。そして、牧口は、目的と方法とを明確化した新しい学習のしかたを被教育者に理解させ、自力をもって価値の創造にすすみ、到達《とうたつ》させるのが、指導主義の創価教育法である、と表明する。

指導主義の教育法とは、何にもまして、一人ひとりの子どもたちが、自分自身の力で自分らしく生きることを目指《めざ》したものである。それゆえ、教育者が徹底《てってい》して自分をみがき、子どもたちを自分より立派《りっぱ》に育てていこうと、情熱を燃やすことが不可欠となる。教師と子どもたちとの生命の交流《こうりゅう》をとおして、子どもたちの潜在的《せんざいてき》な力が、触発《しょくはつ》を受け、みがかれて、発現していくようになる。それを援助《えんじょ》するのが、指導主義の本意なのである。

牧口は、このような育成のしかたを、「青は藍《あい》より出《い》でて藍より青し」（従藍而青《じゅうらんにしょう》）との諺《ことわざ》にならって、出藍的《しゅつらんてき》教育法と名づけていた。青という色は藍から作られるが、その青を重ねていけば元の藍より濃《こ》くなっていく。教師が、子どもたちを、自分より立派に育てようと尽力する、そうした心根《こころね》を意味しているのである。

人格価値

一、居ることを一般から希望される人。何事もない時にはさほど問題にされなくても、ほんとうに大事な時に、もしも彼がいたならばと追慕《ついぼ》される性質の人で、常に社会の結合的《けつごうてき》勢力として存在する者。

二、彼がいても悪くはないが、いなくても大した影響《えいきょう》はないという人。いわば、ほとんど仲間から存在を認められていないほどの、平凡人。

三、彼がいるために困《こま》っている、願わくばいなければいい、と嫌《きら》われている人。その、さらにはなはだしきは、公然《こうぜん》と社会から嫌忌《けんき》されている罪悪人で、常に社会を脅威《きょうい》するもの、すなわち、とかく分解《ぶんかい》的《てき》勢力として存在する者。

(『創価教育学体系・第二巻』)

牧口常三郎は、『創価教育学体系・第二巻』（第三編第六章）のなかで、人格《じんかく》価値について体系的に論じている。人格価値を高めることが、創価教育思想、創価思想の眼目《がんもく》なのである。

端的に言うと、人格価値とは、一人ひとりに対する社会的な評価（社会的な存在価値）のことを指す。各々《おのおの》の人間は、それぞれの所属する社会に対して、プラスかマイナスかの、何らかの関係性をもっている。そして、この、プラスかマイナスかの関係性のあり方が、人格価値（人格そのものの価値）に相当《そうとう》するのである。

牧口は、この人格価値には二つの要素《ようそ》がある、と述べている。

そのひとつは、目的観の大小。つまり、自分ひとりの目的、自己中心的な生き方を脱皮《だっぴ》して、他者の幸福のため、社会の繁栄《はんえい》のために、考えたり行動したりすることができるかどうかということ。

また、もうひとつは、人格統一力の強弱。つまり、行動することと、言っていることと、考えていることの三つが、うまく調和《ちょうわ》・統一なされているかどうかということ。心のありようと発言内容と行動とが相矛盾《あいむじゅん》せず、いわば人格分裂《ぶんれつ》の状態におちいらないことが求められている。

牧口は、この人格価値を、上記のように、上・中・下、あるいは、優・中・劣の三等級に分類《ぶんるい》する。

第一の「優《ゆう》」は、いて欲しい人、いることを、皆から希望される人である。何事もなく平穏なときには、それほど注目されなくても、ひとたび何かが起こったときには、周囲《しゅうい》のみなから慕《した》われるような人。しかも、その人は、いつも、お互いに仲良く楽しく明るく生活できるように、人びとの結合を積極的に図《はか》っている。

第二の「中」は、いてもいなくても、どちらでもよい人である。いても悪くはないが、いなくても大した影響《えいきょう》はない。毒《どく》にも薬《くすり》にもならず、存在感のあまりない人のことを指している。そして、牧口は、このような、可もなく不可もない人物を、決して好《この》むことはなかった。

第三の「劣《れつ》」は、いては困《こま》る人である。その人がいるために、周囲《しゅうい》の人びとが困るようになる人のこと。具体的には、社会から公然と嫌《きら》われている悪人や、常に社会に迷惑《めいわく》をかける者。なかでも、とくにひどいのは、指導的《しどうてき》な立場《たちば》にあるにもかかわらず、善意をよそおいながら民衆をだまし、人びとの結合を分断《ぶんだん》しようとする者である。

牧口は、ことに、第一の人（いて欲しい人）と第三の人（いては困る人）を対比《たいひ》する。いて欲しい人は、自他ともの幸福に努力する人である。自分のことだけを考えるのではなく、他者の存在を意識し社会に貢献《こうけん》していく人である。その人格の社会的な存在価値は、幅広く認められ、称賛《しょうさん》と尊敬を受けることになる。

反対に、いては困る人は、社会の調和を乱《みだ》す人である。他者のためにも、社会にとっても、何の貢献もなさずに、厄介者《やっかいもの》になってしまう。ことによると、多大な損害《そんがい》をまねく、まことにめんどうな人物なのである。

牧口は、いて欲しいと言われる人になれ、と呼びかける。その極限《きょくげん》が仏《ほとけ》である、と明言するのである。

今日からすれば、まさしく、牧口自身の人生が、仏のふるまいに相当する、と言えるだろう。軍国主義に抵抗《ていこう》してまで、教育によって本格派の人材を育て、世界の平和を展望《てんぼう》する。その深き願いは、戦後、戸田城聖第二代会長によって受《う》け継《つ》がれ、さらに、第三代の池田名誉会長の手によって、大きく実現されようとしているわけである。

人材の三要素

一、個人的独立力さえも得られてはいないものとしてみずからを卑《いやし》み、禽獣《きんじゅう》がそうであるように、強者には非常に恐怖《きょうふ》をいだき、その反動で、自分より弱者と見れば傲慢《ごうまん》にこれを虐待《ぎゃくたい》し、スパイのように詐《いつわ》り親《した》しむのを処世上《しょせいじょう》では当然のことと心得ている、諂曲者《てんごくしゃ》。

二、正直ではあるが考えのおよぶ範囲がまだ自己の生存以上に脱出せず、したがって、自分の生存に関係のない問題にはふれることを避《さ》け、悪人を見て嫌《きら》いもせず、善人に対して特別の親《した》しみもせず、その結果、誰にでも悪くは言われないが少数の親友《しんゆう》もない、自我独楽《じがどくらく》の弱い小善者。

三、自己《じこ》一身の幸福だけには満足《まんぞく》ができず、常に共同者と苦楽《くらく》をともにしようとし、物事を正しく認識し、正義のために敵を恐れず、心にもないお世辞《せじ》は言えず、損と知りつつ詐《いつわ》り親《した》しむことのできない人。

（『創価教育学体系・第四巻』）

牧口常三郎は、『創価教育学体系・第四巻』のなかで、人間論・人生論を、さらにくわしく展開する。人間の生き方は多種多様《たしゅたよう》であるが、少なくとも右記の三種類だけは、はっきりと見分けることができる、と言っている。

三種類の生き方のちがいは、どこにあるか。牧口は、強と弱、それによる正直と諂曲《てんごく》（へつらい、曲げる）の差である、と判断する。

正直《しょうじき》であること。つまり、精神が強く、真実と確信したものを、そのまま正しく自分の生き方にしているのかどうか。あるいは、また、諂曲《てんごく》であるかどうか。つまり、精神が弱く、強いものにへつらいながら生きているか否《いな》か。結局のところは、それらの差にすぎない、と言っているのである。

それでは、牧口が待望する人材には、どのような資質《ししつ》が必要とされるのか。それは、おそらく、以下の三要素に集約《しゅうやく》できるように思われる。

第一の要素は、毅然《きぜん》たる強さ、「確固不動《かっこふどう》の精神」に求められる。一言《ひとこと》で表現すれば、それは、「負けじ魂《まけじだましい》の人」にほかならない。

牧口は、常々、悪に対しては、決して負けてはいけない、物事に間違っていなければ頭を下げてはいけない、と言っていた。それが、牧口自身の、いつわりなき生き方であった。たとえ、相手がどんなに社会的地位が高く、力のある人であっても、自分自身が間違っていなければ、絶対にへつらったり、卑屈《ひくつ》になってはならない。その強さを、精神の骨髄《こつずい》とせよ。それが、牧口の指針《ししん》であった。

当時は、日本中が軍国主義におおわれ、国家神道《しんとう》が精神的な支柱となっていた。国家権力の言いなりにならなければ、特高《とっこう》の監視下《かんしか》に置かれ、いつ逮捕《たいほ》されるかわからない。しかし、牧口は、何と言われようとも、絶対に屈《くつ》しなかった。神札《かみふだ》を受けることにも、頑《がん》として応《おう》じなかった。信教の自由を踏《ふ》みにじる暴挙《ぼうきょ》や、日蓮正宗のさまざまな悪行に対しても、敢然《かんぜん》と抵抗《ていこう》をつらぬいていたのである。

第二の要素は、「楽観主義《らっかんしゅぎ》」にある。いかなる状況にあろうとも、常に、楽しく前進しつづけようとする。そういう希望の人が、まさに、人材なのである。

牧口は、正邪・善悪を明らかにして、道理に従う自信と度量《どりょう》があるならば、百の干渉《かんしょう》何かあらん、と発言する。自分たちに不正がなければ、批判《ひはん》があっても、うわさをつくられても、悪口雑言《ぞうごん》されても、何も恐れてはならないし、恐れる必要もない。なぜなら、仏法は道理であり、一切世間の現象《げんしょう》は、その反映《はんえい》にすぎないことを、十二分に確信していたからである。

人間は、感情の動物であるとともに、理性的《りせいてき》動物である。感情の衝《しょう》突《とつ》はいとうべきも、議論の衝突は恐るべきでない。感情衝突の終局《しゅうきょく》は分裂《ぶんれつ》よりほかにないが、議論の闘いは、徹底《てってい》すれば、必ず帰一《きいつ》するはずである。

（『創価教育学体系・第三巻』）

牧口常三郎の闘争《とうそう》には、悲壮感《ひそうかん》はなかった。獄中《ごくちゅう》でどれほどきびしい状況におかれても、心のなかは澄《す》み切った青空のようであった。「訊問調書《じんもん》」のなかでも、何も恐れることなく、みずからの信念を堂々と述べている。主義主張がどれほど異《こと》なっていようとも、徹底して話し合えば、必ず意見が一致するようになるはずだ。そうした心意気《こころいき》で、取調官《とりしらべかん》をも折伏《しゃくぶく》するのである。

これが、信念の道をつらぬいた正義の人の強さであり、朗《ほが》らかさである。悲壮感《ひそうかん》など、まったくない。それどころか、牧口は、後世《こうせい》のために、指導者は楽観主義でなければならないことを、わが身をもって示していたのである。

第三の要素《ようそ》は、「勇気」である。牧口が一貫《いっかん》して強調したことは、正義のためには、敵をも恐れぬ勇気を持て、ということであった。しかも、この一点に、人材となるための、すべての要素が凝縮《ぎょうしゅく》されている。

無気力の善人は、指導階級が善人たる時代はともかく、悪人が指導階級に立つ時代には、おとなしく追随《ついずい》するしか能《のう》がないから、価値においては悪人と五十歩百歩の差で、社会の原素とはなるが結合力とはなれず、分解の防御《ぼうぎょりょく》力ともなりえない。……単なる自己生存のみだからである。

（『創価教育学体系・第三巻』）

新舞台《しんぶたい》の人材《じんざい》にとって不可欠《ふかけつ》となる最大の要件は、何か。それは、正義のために行動するのであれば、無益な遠慮《えんりょ》はすべきでない、ということにほかならない。不当な要求があっても、圧迫《あっぱく》を受けても、これに抗弁《こうべん》するだけの勇気もなく、不満を忍《しの》んで泣き寝入りするような消極的《しょうきょくてき》姿勢では、何事も成就《じょうじゅ》することはできない。これが、牧口常三郎の師子《しし》吼《く》であり、創価革命の叫びなのである。

法華経で説かれるように、五濁悪世《ごじょくあくせ》の末法今時《まっぽうこんじ》においては、闘諍言訟《とうじょうごんしょう》の世相《せそう》があたりまえとなる。毎日が闘いの連続なのである。日蓮大聖人が仰《おお》せになった「声仏事《こえぶつじ》を為《な》す」（御書七〇八ジペー）とのご教示《きょうじ》は、言論戦に勝利してこそ広宣流布《こうせんるふ》がなしとげられることを、簡潔《かんけつ》に言いあらわしたものである。ゆえに、今こそ、正義を、そして、真実を、語りに語っていかなければならない。何ものも恐れず、何ものにも遠慮《えんりょ》することはないのである。

牧口は、たびたび、羊千匹《ひつじせんびき》より獅子《しし》一匹《いっぴき》、と言っていた。たとえ、羊が千匹集まっていても、一頭の獅子にはかなわない。獅子がくれば、羊は、すぐに、逃げてしまう。だから、人材は、数の多寡《たか》ではない。

悪人の傍若無人《ぼうじゃくぶじん》のふるまいに、善人が遺憾《いかん》なき迫害を受けつつあるのを、群羊《ぐんよう》のごとき小さな善人は、袖手傍観《しゅうしゅぼうかん》の姿で、精々《せいぜい》のところで喧嘩両成敗《けんかりょうせいばい》という野蛮《やばん》時代の解決に終わるを例とすることは、国家将来の恐るべき禍根《かこん》（である）。

（『創価教育学体系・第三巻』）

牧口常三郎は、とりわけ、傍若無人《ぼうじゃくぶじん》な悪人によって、正義の人が迫害を受けているときに、手をこまねいて傍観《ぼうかん》するだけの羊の群《む》れであってはならない、ときびしく戒《いまし》めている。牧口こそ、この信念に生きて殉《じゅん》じた、獅子《しし》であった。みずからが、戦時中にあっても、権力におもねる羊の群れを見おろしながら、獅子として悠然《ゆうぜん》と闘った。最終的には、臆《おく》病《びょう》な小善人が千人いるよりも、勇気ある大善人が一人いれば、大事は必ず成就《じょうじゅ》することを、命がけで証明したのである。

池田名誉会長は、「『創価』の二文字には、この真正の獅子の誇《ほこ》りが貫《つらぬ》かれている」（「創立者との語らい」Ⅲ）と述べている。獅子の子も、また、獅子であらねばならない。それが、後継《こうけい》の使命と責任なのである。

いたずらに、封建《ほうけん》時代の遺風《いふう》たる、「臭《くさ》い物に蓋《ふた》」「長いものには巻かれよ」などの古くさい思想を恋々《れんれん》とすべきでなく、それらを思い切ってなげすて、進んで、時勢に適応《てきおう》した解決法を考慮《こうりよ》しなければならぬ。

（『創価教育学体系・第三巻』）

牧口は、時勢が民主の方向へと大きく進展《しんてん》しているのだから、新しい局面を開くためにも、相当の覚悟《かくご》をせねばならぬ、と叱咤《しった》する。そして、また、因循姑息《いんじゅんこそく》な考え方を徹底的に払拭《ふっしょく》せよ、とも言っている。

新しい時代を開拓《かいたく》するには、強力かつ大胆《だいたん》な、希望あふれる前進が、必要不可欠《ふかけつ》なのである。

第二節 「善の連帯《れんたい》」を拡大する

新時代の主役は民衆である

従来、学者ならざる一般人は、自分の頭脳《ずのう》では、とてもむずかしい理窟《りくつ》は考えられないから、考えることの上手《じょうず》な人、すなわち、学者として尊敬する人の考えを、無条件に承認《しょうにん》し、これに服従《ふくじゅう》するのが、生活上に間違ない方法であると、断念《だんねん》して生活している。

（『創価教育学体系・第一巻』）

これは、学者を権力者《けんりょくしゃ》や僧侶《そうりょ》に置《お》き換《か》えても、同じであるように思われる。自分で考えることがない。すべて人まかせにしてしまう。黙《だま》って権力に従うようになる。これが、昔からの民衆の態度であった、と牧口は言っている。

このままであれば、指導者たちは、ますます増長《ぞうちょう》する。民衆の従順《じゅうじゅん》さにつけこみ、見くびって、言うことを黙って聞いていればよいのだと、いっそう権威《けんい》主義的になる。

指導者たちは、民衆をバカにして、あなたたちは、いつまでたってもわからないであろうから、と言わんばかりなのである。そして、いつまで悩んでいてもしかたがないから、自分たちの言うことを信じて聞くのが、一番よい方法ではないかと、たぶらかしにかかってくる。こうして、民衆は、いつまでたっても、指導者たちに盲従《もうじゅう》させられる。これが、今までの、日本の歴史の実相であった、と牧口は指摘《してき》する。

生活のなかに学問的な知識が生かされることもなく、学問のなかに生活の知恵が反映《はんえい》されることがない。だから、生活も学問も、ともに、薄《うす》っぺらで貧《まず》しいものになる。それが、日本社会のゆがみをもたらしてきたのである。

牧口は、こうした事態を根本的に変えていこう、と呼びかける。もはや、そんな時代ではないと、みずから率先《そっせん》して、教育革命・宗教革命に勇猛《ゆうみょう》精進《しょうじん》したのであった。

かくして、われわれは、いかなる偉人の言でも、軽々には信服《しんぷく》しないのと同時に、いかに賤《いや》しい無名の人の言でも、いやしくも、自分の経験と合致《がっち》し、もしくは、実験証明の挙《あ》げられたものには、事《こと》の善悪・得失《とくしつ》のいかんにかかわらず、何人《なんびと》も、素直《すなお》に承認《しょうにん》し、それに服従《ふくじゅう》しなければならぬこととなった。これ、また、理性の然《しか》らしめるところである。

（『創価教育学体系・第一巻』）

牧口常三郎が指弾《しだん》した、このような傾向性《けいこうせい》は、今もなお、依然《いぜん》として社会のなかに巣《す》くっている。

権力《けんりょく》が何だ、地位《ちい》がどうした、有名人が何だ、学歴《がくれき》がどうした。そんなものより、人間が大切であり、民衆が大事である。真理を求め、価値を創造して、民衆を幸《しあわ》せにすることが肝心ではないか。そのための学問であり、指導者である。そのための教育であり、宗教ではないか。そうとわかれば、これまでの不幸な状態は、すぐさま、改善すべきであるだろう。

とくに、牧口は、自分本位で保身に走る日蓮正宗の体質を、深く嘆《なげ》いていたのである。聖職者は、必ず、腐敗《ふはい》する。それが、歴史の常であった。民衆のために、また、時代とともにという、宗祖・開祖の精神が、時を経《へ》て、貪欲《どんよく》でわがまま放題《ほうだい》の僧侶たちによって踏《ふ》みにじられてしまっている。牧口は、この宗教史の流転《るてん》の惨劇《さんげき》を、するどく見抜いていたのである。

教祖または宗祖は、時勢の必要に応じて出現し、それに適当な教えを立てられ、おのれの生活などは少しも顧《かえり》みるところではないが、すでに教えの信が立ったのちは、これによって衣食する職業的宗教家がこれを占領《せんりよう》し、民衆の評価力の乏《とぼ》しいのに乗じ、時勢が変遷《へんせん》して必要が去り、さらに高級の宗教でなければならぬ時代となり、これに応じたものが表れ、「日出でぬれば星かくる」の時代になっても、人を救おうとした教祖とは反対に、人に救われようとする自家本位《じかほんい》の見地《けんち》から、あらゆる奸策《かんさく》を弄《ろう》して、高級なる宗教に反対するのである。

（『創価教育法の科学的超宗教的実験証明』）

したがって、牧口常三郎は、精神を蘇生《そせい》させ、理想郷を築《きず》いていく源泉《げんせん》は、教育以外にない、人材を育成する以外にほかの方法はないということを、たびたび強調するのである。みずからの利己心にとらわれず、他者と共生《きょうせい》できる人格の形成を強く深く期していた。たしかに、教育も、最終的には、宗教を根本としなければならないが、伝統的な宗教の力は、もはや、あてにできるような状況ではない。

教育も、終局においては、最高なる宗教の力にもとづかねばならぬであろうが、これまで思想善導《ぜんどう》を一手に引き受けていた僧侶ないし宗教家が、ほとんど信用を失墜《しっつい》して、現実の社会と絶縁《ぜつえん》した今日では、教育のみによる外《ほか》には、具体的方策《ぐたいてきほうさく》は立たないであろう。

（『創価教育学体系・第三巻』）

牧口は、堕落《だらく》した日蓮正宗など、もともと信用してはいなかった。そして、教育にこそ、人類の普遍的《ふへんてき》な希望を見いだしていたのである。

教育なき宗教は、聖職者にだまされ、利用されていく。民衆が賢明《けんめい》になり、強くなっていくことが、宗教を正しく生かしていく条件になる。牧口は、そう確信したのであった。

正義のための戦いを起こせ

末法《まっぽう》の悪・国家悪の時代においては、摂受《しょうじゅ》のごときなまやさしき手段ではとうていだめでありますから、たとえ相手が反対しても、それを押し切って信仰に導入《どうにゅう》しなければなりません。

（「創価教育学会々長牧口常三郎に対する訊問調書抜萃」）

牧口常三郎は、獄中の「訊問調書《じんもんちょうしょ》」のなかでも、国家悪とは真正面から対決する。侵略戦争の精神的支柱とされた国家神道、その根っこたる伊勢大幣と闘った。神道《しんとう》を支柱《しちゅう》とした権力者たちの極悪《ごくあく》と、命がけで、闘《たたか》っていたのである。日本の脆弱《ぜいじゃく》な精神風土を変革し、一人ひとりの庶民《しょみん》が主役になるような社会を建設する。それが、仏法者としての重要な責務《せきむ》である、と覚悟《かくご》していたわけである。

国家が国家そのものの存在を目的としたときに、人間は国家の手段《しゅだん》とされるようになる。国家あっての人間ではない。人民が主役とならなければならない。そのためにも、日本の精神風土を根底から変えていかなければならない。だから、牧口は、一人ひとりの自立をうながす対話にもとづいた宗教革命を、もっとも重要視するのである。

善人があって、世の不義・横暴《おうぼう》の悪人に反対して、立ってこれと戦う。この場合、善人は、おおむね孤立無縁《こりつむえん》であるのに反して、悪人は、必ず強大なる仲間の応援《おうえん》をもっているのを、普通とする。

（『創価教育学体系・第三巻』）

善といい、悪といっても、ともに、人間の社会的な行動を評価したものである。それゆえ、共同生活のなかで、どのようなふるまいをするかによって、善人であるか悪人であるかが、わかるようになる。そして、自己中心の生活を脱皮《だっぴ》して、他者のための行動を起こし、社会のために力を合わせて貢献《こうけん》できる人物が、はじめて善人であると評価されるわけである。

ところが、どういうわけか、善人よりも、悪人のほうが、このことを、よくよく察知《さっち》しているように思われる。つまり、善人たちは、しばしば、孤立《こりつ》してしまうのだが、悪人たちは、見事なまでに、結託《けったく》するのである。

悪人たちは、それぞれに、何らかの弱みをもっており、孤立していては安心することがない。ゆえに、必ず、他の悪人と共謀《きょうぼう》する。しかも、権力をもった者にとりいって、その身を守ろうとする。そのうえ、さらに、善人と戦うためには、それまで敵対していた悪人どうしが、たやすく結束《けっそく》することになる。これが、悪の常套手段《じょうとうしゅだん》なのである。

牧口常三郎は、このことを、するどく喝破《かっぱ》した。それは、いつの時代、どこの社会においてもあてはまる。だから、悪との戦いを展開《てんかい》する際に、もっとも心しなければならないことは、善の力を幅広く結合して、それを組織化する、ということなのである。

法華経《ほけきょう》の信仰に入らなかったならば、私も、善良なる友人・知己《ちき》のように、なるべく周囲の機嫌《きげん》を損《そこ》ねぬように、悪い事を見ても見ぬふりをし、言いたい事も控《ひか》え目にして、人に可愛《かわ》いがられなければ損《そん》であるという主義を、守っておれたであろう。（『創価教育学体系・第三巻』）

牧口常三郎は、日蓮大聖人の仏法に出あうことがなければ、社会を浄化《じょうか》していく戦いに、あえて挑《いど》むことはなかったかもしれない、と述べている。しかし、不正がはびこり、悪人たちが闊歩《かっぽ》する、そういう事態を放《ほう》っておくのは許されない。放置《ほうち》すれば、同じ罪を犯《おか》すことになる。牧口は、仏法に出あうことがなくても、座して瞑想《めいそう》にふけるような、諦《あきら》めの境地に浸《ひた》ることなど、決してなかったはずである。

『創価教育学体系・第二巻』としてまとめられた「価値論」の草稿《そうこう》は、その大半が、仏法に出あう前にできあがっていたようである。しかも、牧口が一貫《いっかん》して叫びつづけたことは、正義のための戦いを起こせ、悪を徹底的《てっていてき》に駆逐《くちく》せよ、ということであった。自他ともの幸福を勝ち取るために、社会のなかで善の価値を創造し拡大していく戦いを、よりいっそう大きく巻き起こす。それが、もっとも大切なことである、と叫んでいたのである。

昭和十七年のころ、日本全体がまだ戦勝気分に浸《ひた》っていたとき、牧口は、次のように語っている。

まさに国が滅《ほろ》びようとしているのに、つまらぬこの身の毀誉褒貶《きよほうへん》などにとらわれてはいられない。今こそ、正義のため、悪とは闘わなければならない。日蓮大聖人の教えどおりに邁進《まいしん》しなければならない。

牧口は、日蓮大聖人の仏法を根本とする民主の社会の建設を、みずからの使命と定めていた。そのため、幾多《いくた》の迫害《はくがい》にもかかわらず、断固たる決意でもって、どこまでも前進しつづけたのであった。

善なる力を結集《けっしゅう》せよ

悪人は、自己防衛《じこぼうえい》の本能から、たちまち他と協同する。共同すれば、孤立するよりは非常に強くなる。そうなれば、仲間は少数でも、孤立《こりつ》の多数を自由に圧制《あっせい》することができる。強くなって、ますます善良を迫害する悪人に対し、善人は、いつまでも、孤立《こりつ》して弱くなっている。一方が膨大《ぼうだい》すれば、他方はますます畏縮《いしゅく》する。社会は、険悪《けんあく》とならざるをえないではないか。

(『創価教育学体系・第三巻』)

善人たちは、なかなか力を合わせることができないでいる。善良な人は、恐怖《きょうふ》がないから、他人と結合して敵にあたる必要性も感じないし、弱みがないから、ともに結合することはまれである。

その結果、孤立《こりつ》した善人たちは、いつのまにか、多勢《たぜい》に無勢《ぶぜい》となって、悪人たちの結束《けっそく》によって圧倒されるようになる。結託《けったく》し、どんどん強くなる悪の力。孤立し、ますます弱くなる善の力。こうして、社会は、険悪《けんあく》な雰囲気《ふんいき》をかもしだすことになる。

世の中は、どんどんすさみ、暗くなる。善《よ》いことをするのがばかばかしいような、脱力感があふれだす。うまいことをやって儲《もう》けたやつをうらやましく思うような、何ともやりきれないふんいきにつつまれる。

現代は、あの時（太平洋戦争へ突入する前）と同じような状況にある、という人びとが少なからず存在する。牧口が鳴らした警鐘《けいしょう》が、いまさらのようひびいてくるのである。

池田名誉会長はこの点について、次のように述べている。

「牧口先生は、民衆の善なる力の結集をめざして、『創価教育学会』を創立《そうりつ》されたのである。〝理論や理屈《りくつ》だけではだめだ。現実のうえで、民衆が、正義に連《つら》なっていくために、何ものにも壊《こわ》されない『善の連帯の組織』『正義の組織』をつくろう〟これが、学会の創立にこめられた、牧口先生、戸田先生の心であられた」（『池田大作全集・第八五巻』）。

創価革命は、人間の精神的な結合体としての社会のなかに、民主の秩序《ちつじょ》が建設されることを目指している。それは、一人ひとりの内発的な力、「ソフト・パワー」によってこそ、支えられていくのである。

牧口常三郎は、青年時代から、国民の精神の改造、民衆の精神革命の必要性を痛感する。個々の人間における内面の変革、すなわち、人間革命こそが、すべての鍵《かぎ》になる、と洞察《どうさつ》していたのである。

それゆえ、牧口は、現代のことは政治家の応急手当《おうきゅうてあて》に一任し、われわれは未来に望みを嘱《たく》して子孫の計を立てんのみ、と言っている。未来を決するのは教育である。ほかに残された道はない。この矛盾《むじゅん》だらけの転倒《てんとう》した社会を変えるためには、人間それ自体を変革するしかない、と結論づけている。

牧口は、また、次のようにも述べている。

教育は、まさに、積極的な勧善《かんぜん》活動にほかならない。法律が、悪に対する善の防御柵《ぼうぎょさく》であり、政治が、悪に対する善の戦いであるとすれば、教育は、悪の予防であり、善を擁護《ようご》し、奨励《しょうれい》するものなのである。

こうして、創価教育学会は、教育の改造を目指《めざ》す、教育者の有志の集まりとして出発したのである。

教育改造運動において、われらのなすべき緊急《きんきゅう》事項は多くある。創価教育学会は、諸君の同心協力《どうしんきょうりょく》の団体として、そうした問題に取《と》り組《く》んでいこう、と期《き》するものである。（『創価教育学体系・第一巻』）

それは、まさしく、日蓮大聖人の仏法を根本とする、異体同心の団体として、歴史の表《おもて》舞台《ぶたい》に登場したのであった。

自分の短所《たんしょ》を自覚《じかく》し、他人の長所《ちょうしょ》を見いだすことのできるだけの知能のある人、しかも、相手の長所を利用し、自分の短所について恐怖心《きょうふしん》を抱《いだ》かぬだけの余裕《よゆう》のある人でなければ、完全なる共同生活を他人と営《いとな》むことはできない。また、他人の長所を利用して、自己の短所を補《おぎな》うとともに、他人の短所を補うのに、自己の長所を惜しげもなく提供《ていきょう》するだけの雅量《がりょう》のある人でなければ、完全なる共同生活者たることはできない。他人の長所を利用するのみに依頼《いらい》して、これに価《あたい》するだけの長所のない人間は、結局、他人の生活に寄生《きせい》するにとどまって、自分が他人に寄生されるのを好まぬと同様に、他人に軽んぜられて、永久の共同生活はできない。

（『創価教育学体系・第一巻』）

創価精神の基盤《きばん》は、異体同心の連帯《れんたい》にほかならない。創価の組織は、広宣流布《こうせんるふ》の戦いに志願する、使命に目覚《めざ》めた人びとの、善なる集合体なのである。それは、校舎《こうしゃ》なき総合大学にもたとえることができるだろう。

要するに、創価学会は、そのもの自体が「善の連帯《れんたい》」なのであり、それと同時に、未曽有《みぞう》の人材育成システムなのである。

牧口常三郎がほんとうに信頼していたのは、青年であった。「このような大生活改革は、結局、純真に真理を求め、正義のため、国家のために、敢然《かんぜん》として闘うだけの気概《きがい》ある青年教育家でなければ、少しも相手にされないであろう」（「教育改造と宗教革命」）。牧口は、正義と人権の旗を掲《かか》げ、創価の剣《つるぎ》の役目をはたす、若き人材たちに、すべてを託《たく》していたのである。

そして、牧口が、青年とともに期待を寄せていたのは、母であった。母たちこそ、教育改造の原動力であり、未来《みらい》における理想社会の建設者にほかならない、と断言する。

新時代を開くものは何か。それは、やはり、青年の熱と力である、と言えるだろう。そして、また、大きな基盤《きばん》をつくるのは、女性の力、母の力なのである。

補説3　「創価の世紀《せいき》」を開く

牧口常三郎の価値論は、正義の人を輩出《はいしゅつ》していくための、人材育成原理を明かしたものである。しかも、それは、善の力を幅広く結集しながら、悪をとことん責《せ》め抜いていく、社会変革の方程式をも如実《にょじつ》に示唆《しさ》しているのである。

『創価教育学体系』が世に出る際に、価値論が体系化されたのは、なぜか。それは、社会に貢献《こうけん》できる人材群《じんざいぐん》を切望《せつぼう》していた誠実な教育者・思想家が、人生は価値の追求《ついきゅう》にほかならないことを、十二分に知悉《ちしつ》していたからである。

牧口は、日蓮大聖人の仏法に対する「信の確立」をなしとげるとともに、創価教育法が、実は、最大価値の生活法にまで到達《とうたつ》できるということを、みずからの体験をふまえて、悟《さと》るようになる。すなわち、南無妙法蓮華経に照らし合わせてみると、人間社会の出来事《できごと》・物事は、それらすべて創価生活・創価事業の所産《しょさん》であることが、明白になってくるのである。

牧口の価値論は、自他ともの幸福を目指す、人間革命原理として著《あらわ》されている。しかも、それは、日蓮大聖人の仏法への絶対の信にもとづいて、無上最高の大善生活にいたる、創価の行動原理に高められているのである。

「価値論」のコペルニクス的転換《てんかん》

創価教育学とは、人生の目的たる価値を創造しうる人材を養成《ようせい》する方法の、知識体系を意味する。

(『創価教育学体系・第一巻』)

牧口常三郎は、だれもが幸福をつかむための指導法を希求《ききゅう》したのであった。それゆえ、創価教育学は、人材育成の普遍的《ふへんてき》な方法に関する知識体系である、と定義されている。しかも、牧口自身は、教育学（真理の認識）と教育実践（価値の創造）とを、立て分けているのである。

教育学は、創価指導を対象《たいしょう》とした教師の人格価値を創造することを目的としている科学で、心理学や社会学などの研究によって定立《ていりつ》された法則をただちに応用して、価値創造の作用を営《いとな》む働きとはまったくちがう。すなわち、教師の創価作用を研究対象として、それの法則に達し、このようにして定立した法則をもって、教育作用の価値を批《ひ》判《はん》し、さらに、これを次の生活の原則《げんそく》となして、教育者に価値創造の作用を営《いとな》ませようとする、知識の系統《けいとう》なのである。

（『創価教育学体系・第二巻』）

そもそも、価値論の対象範囲《たいしようはんい》は、あくまで、教育の領域《りよういき》における価値の創造の問題に限定されていた。つまり、それは、自他《じた》ともの幸福の実質を、明確化するものであった。したがって、これまでのところ、牧口価値論の特異性は、一般に、「真・善・美」から「利・善・美」（最終的には、「美・利・善」）への根本的な転換を主張する、新しい価値概念《がいねん》のあり方に求められてきたのである。

人間が理想とする対象《たいしよう》を表現した価値体系として、真善美《しんぜんび》をいうのであれば、むしろ、真の代わりに利をもってし、利・善・美というのを妥当《だとう》なりとするということは、『創価教育学体系・第二巻』「価値論」の所論《しよろん》である。

（「科学と宗教との関係を論ず（上）」）

そして、これは、「人間、いかに生きるべきか」を真摯《しんし》に探求《たんきゆう》しつづけてきた哲学《てつがく》の本流の知恵からすると、ある意味で、原点回帰《かいき》に相当するのではなかろうか。すなわち、「真」の代わりに「利」を重んじるというのは、「他者のため」を意識しつつも「自己自身」を見失わずに思索《しさく》や行動をなしていく、本来的に人間らしい生き方を、まっすぐ見すえることになるのである。

けれども、牧口「価値論」の真骨頂《しんこっちょう》は、そうした哲学的な観点《かんてん》よりも、むしろ、経験科学的な視座《しざ》にある、と言えるだろう。究極的《きゅうきょくてき》な理想に関する考察《こうさつ》から出発するのではなく、生身《なまみ》の人間の現実生活に即して、価値の創造活動を科学する。実験証明という手法を用いながら、創価する人間の社会的行動を法則的に把握《はあく》しようと試《こころ》みる。牧口は、それこそが、応用科学の目指すところである、と言っている。

人間のなす価値創造の活動を研究対象《たいしょう》となして、目的と手段《しゅだん》との因果《いんが》関係を見いだし、創価作用における因果の法則を確定《かくてい》して、そのうえで、やがてくる創価作用の原理となるべき法則を提供《ていきょう》するのが、応用科学なのである。

（『創価教育学体系・第一巻』）

牧口常三郎は、史上はじめて、実証主義にもとづいた科学的な価値論を、生身の人間の生きざまに即して展開したことになるだろう。強《し》いて表現すると、牧口は、価値論それ自体のまさに「コペルニクス的転換」を、人間のほんとうの幸福のために企図《きと》していたのであった。

「仏教の極意《ごくい》」と「創価教育学」との関係性

(仏教の極意と創価教育学との関係は、)総と別、本と末、全体と部分にはすぎず、要するに、それらのすべては、根幹《こんかん》・枝葉《しよう》の関係において、不二《ふに》一体のものである。(「科学と宗教との関係を論ず(下)」)

牧口常三郎は、日蓮大聖人の仏法(妙法)への確信を深めるにつれて、南無妙法蓮華経という仏教の極意《ごくい》と創価教育学の知恵とを、総別の関係、本末の関係、全体と部分の関係に、位置づけるようになった。しかも、「超宗教」たる妙法とあらゆる技術・芸術・科学とは、それと同じような関係に位置づけられることになる。

要するに、当初の場合よりも、一重《いちじゅう》高い次元から、妙法に対する「信の確立」（真理の認識）と創価教育学の知識体系（「価値の創造」）とが、区別されるようになった。言い換《か》えれば、牧口は、真理の認識・価値の創造が二階建ての階層構造《かいそうこうぞう》になっているということを、見事に洞察《どうさつ》していたわけである。

したがって、これまでの教育学的思考のなかで展開された真理の認識・価値の創造は、より上位の対概念のうちの「価値の創造」に包摂《ほうせつ》されることになる。そうであるからこそ、絶対的な真理を意識するようになれば、それだけ、教育の問題を論じるかぎり、それが、より上位の次元の価値の創造に属す下位領域《りょういき》のものであるということが、しだいに鮮明《せんめい》になっていく。つまり、真理の認識・価値の創造は、最終的には、二階建ての構造に、再編成されているのである。

その結果、価値論の対象範囲《たいしょうはんい》は、大きく広げられることになった。すなわち、教育の領域《りょういき》のみならず、宗教的な領域をも含む、社会のなかのあらゆる活動が、価値論の対象になってくるのである。

よく考えてみると、宗教も、すべての技術《ぎじゅつ》・芸術《げいじゅつ》も、幸福の内容《ないよう》たる利・善・美の価値創造を目的とする、生活方法たることにちがいがない。

（「科学と宗教との関係を論ず（下）」）

したがって、牧口常三郎は、従来の応用科学を、価値科学ないし文化科学と言い換えるようになる。

人間が、天地の法則に順応《じゅんのう》し、不言の実行によってあらゆる価値を創造し、この不幸をまぬかれ幸福生活をとげ、もって現代のごとき文化を現出し、もって不思議なる因果《いんが》法則を証明しているのを研究して、後進生活の指導の原則となそうとして説明を加えようとしているのが、われわれが価値科学または文化科学と名づけるところのものである。

（「科学と宗教との関係を論ず（下）」）

そして、こうした理論的な発達は、よりいっそう根本的な立場から、人間行動に関する的確《てきかく》なとらえ方をするようになったことを意味している。

しかも、価値創造に関する相対的な真理の解明《かいめい》は、実際生活の経験《けいけん》にもとづかねばならないから、信行の体験と、その結果を評価するという、価値科学的方法によってのみ、はじめて可能となる。根本の法に依拠《いきょ》した「信行学」の三段階から構成《こうせい》される研究方法しか、ほかに手立てはないのである。

「創価人間学」を樹立《じゅりつ》する

すべての技術家・芸術家たちは、研究・思索《しさく》をなす前に、実行生活によって無意識《むいしき》のなかに得た経験の蓄積《ちくせき》の反復《はんぷく》・熟練《じゅくれん》によって、より良き生活方法を発見して、もって、自他《じた》を益《えき》せんと精進《しょうじん》する。

この技術家・芸術家の経験の蓄積《ちくせき》を研究対象となし、それを蒐集《しゅうしゅう》し比較《ひかく》し統合して最良の方法を見いだし、同一の結果を得んがために は同一の原因を起こさねばならぬという因果法則を原理となし、根本 原因を起こさしめて最上の幸福生活に達する指導原理を与えんとする のが、価値科学のねらいどころである。

されば、科学者も技術家・芸術家も、その進行過程《かてい》においては、は じめは結果から原因にさかのぼるのであるが、一旦《いったん》その究極《きゅうきょく》に達し たのちは、原因から結果へと下向《かこう》し、もっとも幸福なる生活を保証《ほしょう》す べき最良の原因を起こし、もって、前途の不安をまぬかれ安全に目的 を達せんとして、自他を益せんとする。

(「科学と宗教との関係を論ず(下)」)

かくして、牧口常三郎の価値論は、大きく飛翔《ひしょう》したのである。それは、いわば、「創価 人間学」の必要性と可能性を、示唆《しさ》してくれている。絶対的な真理たる妙法(日蓮大聖人 の仏法)を根本にすると、「一切世間の治生産業《ちせいさんぎょう》は皆実相と相違背《あいいはい》せず」(天台大師)との法門に照らし合わせて、社会のすべての活動は、自他《じた》ともの幸福を成就《じょうじゅ》するために、見《み》事《ごと》に蘇生《そせい》することになるのである。

「価値を創造する」（創価する）とは、そういうことを指している。だから、牧口は、大善生活法の意義と可能性について論じた際に、結論として、次のご聖訓《せいくん》を引き合いに出しているのである。

天晴れぬれば地明《あきら》かなり法華《ほっけ》を識《し》る者は世法を得可《うべ》きか。（御書二五四ジペー）

絶対的な真理を体感《たいかん》しつつ、正義のために、歓《よろこ》び勇んで創価する。友情の拡大、善の連帯の構築《こうちく》とは、まさに、このことを意味している。

また、それとともに、みずからの創価活動そのものを率直《そっちょく》に科学して、普遍的《ふへんてき》な知恵を蓄積《ちくせき》する。「学は光」、「学ばずは、卑《いや》し」とは、まさしく、そのための示唆《しさ》なのである。

創価学会は、日蓮大聖人の仏法を根本に、民衆のなかに強靱《きょうじん》な生命力と旺盛《おうせい》な生活力とを、大いに開発したのである。学会の組織は、未曾有《みぞう》の人材育成システムのみならず、地球的な規模《きぼ》での生涯学習《しょうがいがくしゅう》システムをも、着実に構築してきたわけである。

牧口常三郎の価値論のなかには、そのための原点と起動力とが、わかりやすく解《と》き明かされている。「創価の世紀」は、このことを十二分に知悉《ちしつ》して、偉大な使命に目覚《めざ》めた、新しい熱と力によって、開かれていくにちがいない。

古川　敦（ふるかわ・あつし）

1954年　北九州市八幡に生まれる。
1972年　創価高等学校卒業（２期生）
1977年　東京教育大学文学部社会学専攻卒業。
1983年　東京大学大学院教育学研究科博士課程単位取得退学。
現　在　香川短期大学教授
著　書　『デュルケムによる〈教育の歴史社会学〉』（行路社、1996年）。
訳　書　『デュルケムの教育論』（行路社、2001年）。
編　書　『創価教育学大系概論』（第三文明社、レグルス文庫、1997年）。
専　攻　教育学、教育思想の社会学。

幸福《こうふく》に生《い》きるために――牧口常三郎《まきぐちつねさぶろう》の目指《めざ》したもの

2001年11月18日　初版第１刷発行
2006年８月６日　初版第３刷発行

著　者　古川《ふるかわ》　敦《あつし》
発行者　大島光明
発行所　株式会社　第三文明社
東京都新宿区新宿1-23-5　郵便番号　160-0022
電話番号　営業代表　03(5269)7145
編集代表　03(5269)7154
振替口座　00150-3-117823
URL　http://www.daisanbunmei.co.jp
印刷所　大日本印刷株式会社

ISBN4-476-06175-3